Werner Sprenger
Schleichwege zum Ich II

Werner Sprenger

Schleichwege zum Ich II

Lebensglück durch INTA-Meditation

Nie/nie/sagen-Verlag
Konstanz

Lektorat und strukturelle Gestaltung:
Helga Wolfrum
Redaktion:
Atina Haberkern

Abbildung der Umschlagseite:
Ursymbol der INTA-Meditation (geschützt)

CIP-Titelaufnahme der Deutschen Bibliothek
Sprenger, Werner:
Schleichwege zum Ich / Werner Sprenger. – Konstanz : Nie-Nie-Sagen-Verlag.
Teilw. auf d. Haupttitels. auch: Ten Gam. – Teilw. mit d. Erscheinungsort Freiburg, Breisgau

2. Lebensglück durch INTA-Meditation. – 13., erw. Aufl. / mit den Dharmakaja-Meditationen von 1990. – 1991
ISBN 3-921778-53-0

1. Auflage 1979, 1980[2], 1981[3,4], 1982[5,6], erweitert, 1984[7-9], 1986[10], 1988[11,12]
13., erweiterte Auflage 1991, mit den Dharmakaja-Meditationen von 1990

Printed in Germany
Fotos: Joschi Wolfrum
Gesamtherstellung: Fuldaer Verlagsanstalt GmbH, Fulda

ISBN 3-921778-53-0

INHALT

Anhang

Dieses Buch

möchte nicht nur gelesen,
es möchte vor allem gelebt sein.

Denn wir alle wissen so viel,
doch wir leben zu wenig, was wir wissen.

Wer sich das eingestehen kann,
dieser Mensch kann lebendig werden an
seinem Wissen,
kann sein Wissen leben lernen.

Laßt uns unser Wissen leben lernen.

Ich über mich

Kennst Du den Weg, den niemand geht, wenn Du ihn nicht gehst? Es ist Dein Lebensweg.
Weißt Du das Leben, das niemand lebt, wenn Du es nicht lebst? Es ist Dein Leben.
Spürst Du den Hunger, den Dir kein fremder Mund stillen kann?
Aus der spirituellen und aus der künstlerischen Welt, aus diesen beiden Welten wachsen der Menschheit die bedeutendsten Kräfte und Werke zu. Seit 30 Jahren lebe und wirke ich nun in diesen beiden Welten. In der einen als Meditationsmeister und Kavi, in der anderen als Schriftsteller. Beide Welten sind mir so vertraut geworden, daß sie für mich ein und dieselbe Welt sind, so wie es ja auch Jahrtausende hindurch war. Mit den beiden Berufen befand ich mich niemals in der Situation einer Doppelbindung oder im Widerspruch, sondern fühlte mich darin vom Schicksal begünstigt und lebte, erlebte mein Leben erweitert um fruchtbare Erfahrungen und Erkenntnisse aus beiden Welten.
Niemand kann sein Schicksal selbst bestimmen. Und so ist mein Leben sicher bestimmt

und entscheidend geprägt worden durch den Krieg, die lange Gefangenschaft, das Studium der Religionswissenschaften und die Jahre in Indien.
Die entscheidende Grunderfahrung meines Lebens ist, daß sich meine spirituellen Erfahrungen und Einsichten nicht trennen lassen von meinem alltäglichsten Leben, ohne daß beide zerstört werden. Und ich weiß, denn ich habe es in meinem Leben oft erfahren dürfen, daß mir alles im richtigen Augenblick geschieht, wenn ich offen dafür bin, offen wie ein Scheunentor zur Erntezeit.
Meiner Arbeit im Europäischen IMZ* danke ich die Erfahrung, daß die Menschen die Botschaften sind, und nicht die Theorien. Meiner Arbeit als Schriftsteller danke ich die Erfahrung, daß Gedichte tatsächlich heilende Wirkung haben auf kranke Menschen, ganz genau so wie das vertrauensvolle Gespräch, die Musik, der Tanz.
Wie wohl für jedes Leben, so gilt auch für

*Werner Sprenger ist seit 1968 Direktor des Europäischen INTA-Meditations-Zentrums (IMZ). In begrenztem Umfang leitet er auch persönlich INTA-Meditationskurse: siehe Programm, das kostenlos und unverbindlich erhältlich ist beim IMZ,
Silvanerweg 17, D-7750 Konstanz.

mein Leben, daß das Ganze mehr ist als die Summe seiner Teile.
Lebenswichtig für mich ist, wie ein Mensch lebt, und nicht, was er sagt, und ob er wirklich in sich selbst ruht und Freude weckt und Liebe. Das ist es, worauf ich achten gelernt habe, was ich achten gelernt habe.

Hinführung 1

Es ist leicht,
ich zu sagen.
Es ist schwer,
ich zu sein.

Jeder Mensch ist unersetzbar,
jeder: vor allem sich selber.

2 mal 2 ist 4

Ich weiß, daß ich lange Zeit mit Wissen betrogen worden bin, das nichts von mir wußte.
Ich weiß, daß ich mit dem Gift dieses Wissens vorsätzlich vergiftet worden bin.
Ich weiß, daß man in dieser Gesellschaft diese vorsätzliche Methode der Vergiftung Erziehung nennt.
Ich weiß, daß meine Erzieher selbst Opfer waren und lebenslang am Gift ihres Wissens dahinsiechten.
Ich weiß, daß heute noch dieses Gift in mir wirkt.
Ich weiß, daß ich noch nicht gerettet bin.
Doch ich weiß, daß ich dieses Wissen nicht mehr wissen will, dieses Wissen, das nichts von mir weiß, nichts von meinen Träumen, nichts von meinen Wünschen, nichts von meinem Lebensrecht.
Ich will nichts mehr von einem Wissen wissen, das nichts von mir weiß.
Je mehr ich lernte, desto fremder wurde ich mir. Und je fremder ich mir wurde, desto leichter lernte ich.
Darum weiß ich: die Befreiung zu mir kommt nicht von draußen. Die Wahrheit meines Lebens ruht in mir und nicht in dem angefer-

tigten und vorgefertigten Wissen, mit dem ich in der Schule und von auf Lebenszeit beamteten Denkern abgefertigt worden bin.
Dieses Wissen hat mich verkrüppelt. Dieses Wissen hat mich um mich selbst gebracht. Dieses Wissen hätte mich fast umgebracht, ohne daß ich es merkte.
Der Prozeß meiner Gesundung begann mit der Meditation. Sie befreite mich, machte mich leer von diesem Wissen, das nichts von mir wußte und nichts von mir wissen wollte. Der Meditation danke ich die Kraft, den Mut und die Freude, nein zu sagen zu einem Wissen, das nichts von mir weiß. Endlich konnte ich mich von diesem Wissensmüll befreien, um frei zu werden für das Wissen, das mitmenschlich und gütig macht.

Wissen, gegründet auf eigene Einsichten und Erfahrungen, ist das höchste Wissen, welches ein Mensch erlangen kann. Dieses Wissen jedem Menschen erreichbar zu machen ist das eigentliche Ziel der Meditation.

Was ist Meditation?

Ich hätte auch fragen können: Was ist Liebe? Was ist Freundschaft? Was ist Glück? Auch hier sind die Fragen wichtiger als die Antworten, gerade hier. Wenn wir diese Fragen beantworten wollen, merken wir bald, daß alle Antworten unvollkommen sind und so lange unvollkommen bleiben, bis wir selbst die Liebe, die Freundschaft, das Glück erleben.

Mit der Meditation ist es nicht anders. Was Meditation ist, kann nur aus der eigenen Erfahrung verstanden werden. In der ersten Meditation schon erfährt der Meditierende durch eigenes Erleben viel mehr darüber, was Meditation ist, als er erfahren könnte, wenn er nur Bücher über die Meditation lesen würde.

Was also tun? – Durch Tun lernen. Durch Meditieren kennenlernen, erleben, was Meditation ist.

Die beste, allerbeste Einführung in die Meditation ist die Meditation.

Warum meditieren?

Die Meditation macht den Menschen Mut, die zu werden, die sie noch nicht zu sein wagen. Und sie macht nicht nur Mut, sie gibt auch die Kraft, und sie vermittelt auch das Wissen, und sie entwickelt auch die Fähigkeit dazu. Für die Meditation geeignet ist jeder Mensch, der sich eine der folgenden Fragen gestellt hat:
Wer bin ich? Wer möchte ich sein?
Was habe ich? Was brauche ich wirklich?
Wie lebe ich? Wie möchte ich leben?
Warum lebe ich nicht so?
Wer, was hindert mich eigentlich daran?
Viele Wege führen nach Rom. Viele Wege führen zur Selbstverwirklichung. Jeder Weg beginnt nach der Entscheidung für einen dieser vielen Wege. Ob die Entscheidung richtig war oder nicht, das allein kann nur der Weg beantworten. Niemand kann über eine Brücke gehen, bevor er sie erreicht hat.
Jeder Weg, für den wir uns entscheiden, ist in jedem Fall eine neue Erfahrung, auch eine neue Erfahrung mit uns selbst. Jede neue Erfahrung erweitert das Leben, besonders dann, wenn wir uns freiwillig entschieden haben.
Und der Weg ist auch das Ziel: den Weg gehen,

selbst gehen und uns dabei kennenlernen, uns und den Weg.
Unerkannt bleibt der Weg, bis wir ihn selbst gehen. Aus dem Selbergehen werden alle Botschaften des Weges empfangen – aus dem Selbergehen, und nicht aus dem Nachdenken über den Weg. Gestaltlos bleibt die Meditation, bis wir selbst meditieren.
Und ich achte jede Form der Meditation und nehme die Erfahrungen eines jeden Meditierenden ernst, gleichgültig welche Meditation meditiert wird. Denn für mich ist keine Meditation – die INTA-Meditation eingeschlossen – die für alle Menschen allein seligmachende oder allein richtige.

Der Erkennende und das Erkannte

Die INTA-Meditation ist kein philosophisches System, das intellektuelle Neugier befriedigen und verbale Antworten geben will. In der INTA-Meditation geht es um die Selbsterfahrung, um die Selbstbefreiung durch Tun, durch Leben.
Was INTA ist, das ist in der östlichen Weisheitslehre weder eine Frage nach philosophi-

scher Lehre noch eine Frage nach den einzelnen Meditationen, sondern eine Frage des Fragenden an sich selbst, die Frage nach dem Sinn seines Lebens und seiner Selbstwerdung: Jeder ist Buddha, wer bist Du?

INTA ist, so wie viele Sanskrit-Worte*, unübersetzbar, da sie aus einer vedisch-archaischen Kultur kommen, also einer Gefühls- und Denkwelt Jahrtausende vor unserer Zeitrechnung. INTA symbolisiert den Gefühlszustand des liebenden, achtungsvollen Erkennens von Menschen, ein Zustand, in dem der Erkennende und das Erkannte eins werden.

INTA heißt in den vedischen Urformen:

1. Durch Dich zu mir, durch mich zu Dir.
2. Wahr machen wir uns im liebenden Erkennen. Wahr machen wir uns in erkennender Liebe. Bewahren wir uns die erkennende Liebe.
3. Und wer wäre ich denn heute, wenn Du nicht wärst. Und wer würdest Du heute sein, wenn ich nicht sein würde?

In unserer Kultur ist Erkennen unbewußt wertend und mit Anerkennen oder Ablehnen verbunden, also mit Bewertung. Und Bewertung

* Sprach- und Religionswissenschaftler werden verstehen, daß ich für das anglisierte Sanskritwort INTA keine Lautschriftzeichen verwende. Sanskritkennern sei die Deranagiri-Schrift empfohlen.

ist das Gegenteil von Erkennen. INTA kennt keine Wertung.
In unserer Kultur herrscht die dualistische Denkweise vor: gut oder schlecht, stark oder schwach, hell oder dunkel, traurig oder froh. In uns herrscht dieser anerzogene Zwang zur Wertung und Unterscheidung. Und wir können gar nicht anders als wertend, als unterscheidend erkennen – und das heißt: nicht erkennen.
INTA kennt diesen Zwang nicht. Im INTA gibt es kein Entweder-Oder. Und so kann es sein, daß dem westlichen Leser manches in der Meditation wie eine Befreiung von einer lebenslangen Denkgewohnheit vorkommt.

Das andere Denken

Der Meditierende weiß sich, indem er aufhört, sich wissen zu wollen. Das meditative Sichselbstversenken des Meditierenden führt zur unmittelbaren Erfahrung seiner selbst. Der Meditierende braucht sich nicht denken, sich nicht begreifen, sich nicht ausdenken, denn er erlebt sich, indem er mit sich eins wird. Durch dieses Einswerden mit sich selbst versteht er sich und weiß er sich direkt, ohne den Umweg über das Denken: er weiß sich von innen, statt von außen. Denn wer nur über sich selbst nachdenkt, kann keine entscheidende Erfahrung mit sich selbst machen, weil er sich selbst zum Objekt seiner Gedanken macht, also ein Subjekt Ich ist, das über ein Objekt Ich nachdenkt. Diese dem westlichen Denken eigentümliche Trennung zwischen Objekt und Subjekt tötet jede lebendige Erfahrung mit sich selbst. Denn Objekt und Subjekt hängen nicht nur auf das Innigste zusammen: sie sind ein und derselbe Mensch, sie ereignen sich als ein und dasselbe. Und jede Trennung ist ein gewaltsamer Eingriff, der gerade das verhindert, was er erreichen will – das Geheimnis des Lebens.

UND der Meditierende weiß sich, indem er sich nicht weiß. Er weiß sich also in der Weise, wie wir vieles wissen, ohne daß wir wissen, daß wir es wissen.

Meditation und die Erfahrung der eigenen Mitte

Je mehr wir in unsere Mitte kommen, desto ruhiger werden wir. Die Mitte eines Orkans ist Stille und Ruhe. Die Mitte ist letzte Geborgenheit, tiefste Sicherheit. Verlassen wir sie, geraten wir in die Stürme unseres Lebens.
Wenn wir in der Mitte sind, sind viele Unterscheidungen und Trennungen aufgehoben. In der Mitte ist die äußere Haltung und die innere Haltung ein und dieselbe. In der Mitte ist die innere und die äußere Wirklichkeit ein und dieselbe. In der Mitte ist der Weg und das Ziel ein und dasselbe. In der Mitte ist der Erkennende und das Erkannte ein und dasselbe.

Die eigene Mitte suchen.
Die eigene Mitte finden.
In der eigenen Mitte bleiben.

Was bewirken Meditationen?

Das Ergebnis einer Meditation läßt sich vom Meditierenden nicht voraussagen oder vorauswissen. Und die Wirkung der Meditationen zeigt sich weniger in der Meditation selbst, sondern mehr zwischen den Meditationen, in unserem Alltag. Es sind die gleichen Ereignisse, die gleichen Situationen, doch wir reagieren allmählich anders darauf, ruhiger, gelassener, angstfreier, weniger störanfällig.
Der Meditierende wird ganz sicher mehr Vertrauen zu sich und zu seinen eigenen Gefühlen, Gedanken, Wünschen und Forderungen erwerben. Ja, die meisten lernen ihre eigentlichen Bedürfnisse erst durch die Meditation kennen. UND der Meditierende wird auch – anders als der Nichtmeditierende – genauer wahrnehmen, was ist, was mit ihm und mit anderen in einer Situation vorgeht.
Manchmal kehrt der Meditierende nach der Meditation in seine gewohnte Umwelt zurück wie nach einer großen Reise, so als würde er nicht zwanzig Minuten, sondern zwanzig Jahre fort gewesen sein.
Im Zustand der Meditation stehen wir in einem Lernprozeß, der uns als ganzen Menschen erfaßt und der nicht zu vergleichen ist

mit dem, was Bücher und Begriffe uns lehren können.
In der Meditation geht es nicht um den Anblick des Selbst, sondern um den Einblick in das Selbst. Und so wie die Hebamme nicht weiß, wie das Kind aussehen wird, das sie entbindet, so wenig weiß der Meditierende, welches Selbst sein Einblick entbinden wird.

Was geschieht in der Meditation?

In der lebenswarmen Stille der Meditation wagen sich endlich unsere lange verdrängten und verleugneten Gefühle hervor wie scheue Tiere, Wünsche und Gedanken, die auch ein Lebensrecht haben, die mitleben wollen.
Die Meditationen helfen uns, das von uns und in uns wahrzunehmen, was wir nicht wahrhaben und nicht wahr machen wollen, weil wir Angst haben, uns schwach zu zeigen, uns lächerlich zu machen, nicht ernst genommen zu werden.
Wie ein Magnet Eisenteilchen anzieht, so zieht jeder Meditationstext Gefühle, Gedanken und Erinnerungen an. Es besteht ein Zusammenhang, auch – und gerade – wenn wir diesen

Zusammenhang nicht erkennen. Und es kommt gar nicht einmal darauf an, den Zusammenhang erkennen zu wollen. Wichtig ist, daß wir um diesen inneren Zusammenhang wissen, auch wenn wir ihn nicht gleich erkennen.

Der Meditierende braucht die Botschaften der Meditationen nicht suchen. Die Botschaften, die wir brauchen, finden uns, sobald wir bereit sind für diese Botschaften.

Solange der Meditierende offen für den Sinn der Meditationen bleibt, wird er sich in den Meditationen selbst gewahr und wahr. Denn Gewahrwerden hat viel mit wahr werden zu tun. Und ohne suchen zu müssen, wird er in den Meditationen die Botschaften finden, die ihm nötig sind. Wer Durst hat, weiß, daß ihm nichts so nötig ist wie Wasser.

So werden uns die gleichen Meditationen jedesmal neue und notwendige Botschaften vermitteln. Die gleiche Meditation hält für uns auf den verschiedenen Lebensstufen unterschiedliche, doch notwendige Botschaften bereit. Besser als unsere Vernunft weiß das Unbewußte, was für uns im Augenblick der Meditation die lebenswichtige Botschaft ist.

Hinführung 2

Anders duftet die Rose den Liebenden als den Hassenden.

Nicht die äußeren Erlebnisse sind es,
die uns verändern,
sondern unsere Einsichten dabei.

Was wissen wir von unserem Unbewußten?

Wir leben mit unserem Unbewußten, leben aus unserem Unbewußten. Darum ist es lebenswichtig, die Welt des Unbewußten kennenzulernen in der Meditation. Anders als die gewohnte Wirklichkeit besteht die meditative überwiegend aus unbewußten Anteilen.

Das Unbewußte unterscheidet nicht zwischen einem Tisch, den ich anfassen kann, und einem Tisch, den ich mir nur vorstelle. Beide Tische sind für das Unbewußte gleich wirklich. Das Unbewußte unterscheidet auch nicht zwischen einem vorgestellten Erlebnis und einem wirklichen Erlebnis. Beide Erlebnisse sind für das Unbewußte gleich wirklich.

Das Unbewußte hat ein anderes Zeitgefühl als unser Bewußtsein. Für das Unbewußte gibt es nur Gegenwart, es unterscheidet nicht zwischen Vergangenheit und Zukunft. Wenn ich mir heute vorstelle, daß ich in fünf Jahren glücklich sein werde, dann ist das Unbewußte heute schon glücklich.

Wir können an allem zweifeln, nur nicht an der Macht des Unbewußten. Jede Vorstellung ist für das Unbewußte wirklich. Das Unbewußte kennt keine Vorstellung von der Wirklichkeit, es kennt nur Wirklichkeit. Jede Vor-

stellung verwirklicht sich, wenn wir sie lange genug auf uns wirken lassen.
Die Welt besteht aus unseren Vorstellungen. Die Vorstellung zeugt die erste Tat. Vor jedem Tun ist eine Vorstellung, die sich verwirklichen möchte.
Der Mensch, der bewußt mit seinem Unbewußten lebt, erreicht alles. Das Unbewußte ist eine Kraft, der nichts und niemand widerstehen kann. Weil wir uns des Unbewußten nicht bewußt sind, kommt es auch nicht zu einem Anschluß an diese unvergleichliche Energiequelle. Was das Unbewußte angeht, leben wir weit, weit unterhalb unserer Möglichkeiten. Dem Unbewußten ist nichts unmöglich – für viele ein unmöglicher Satz. Und wenn uns in der Meditation aus dem Unbewußten, das ja nichts vergißt, was wir je in unserem Leben erlebt haben, Erinnerungen kommen, dann haben wir die einmalige Gelegenheit, ein Stück ungelebtes Leben lebendig werden zu lassen.

Die nichtwertende Wahrnehmung gehört zum Wesen der Meditation wie das Atmen zum Leben. Der Geist der Meditation wertet nicht, sondern nimmt, wie die Augen, erst einmal

alles wahr, was ist. Ich erkenne Meditierende daran, daß sie auch außerhalb der Meditation die Menschen und die Dinge so annehmen und sein lassen, wie sie sind, und nicht, wie sie ihrer Meinung nach sein sollten. Die meisten Menschen kommen in der Regel gar nicht dazu, die anderen Menschen wirklich kennenzulernen. Kaum daß sie sich einander genähert haben, entfernen sie sich wieder voneinander, indem sie sich vorstellen, wie der andere sein sollte. Sie machen sich ein Bild vom anderen und verkehren mit diesem Bild statt mit dem lebendigen Menschen. Und in der Regel opfern sie dem Bild, das sie von einem Menschen haben, den Menschen. Und der Mensch selbst opfert sich zu oft freiwillig dem Bild des anderen.
Warum eigentlich, warum sind wir so schnell bereit, uns aufzugeben, um dem Bild eines anderen zu entsprechen, um Erwartungen zu erfüllen? Als Kinder können wir gar nicht anders. Wir wissen noch nicht, wer wir sind. Wir leben in ständiger Selbstverleugnung, um geliebt zu werden. Heute sind wir erwachsen. Heute wäre Selbstverleugnung Schuld an uns selbst.

Ist das Leben eine Prüfung? Das Leben ist eine Prüfung, die keiner besteht. Das Leben ist eine Prüfung, die jeder besteht. Das Leben ist eine Aufgabe, die keiner lösen kann. Das Leben ist eine Aufgabe, die jeder lösen kann. Und was ein Mensch hat, das ist nicht so aufschlußreich wie das, was er sich am meisten wünscht. Was ich habe, will ich nicht, was ich will, habe ich nicht – dieses Denken macht viele Menschen unglücklich. Und wer so denkt, will zuletzt nicht einmal mehr der Mensch sein, der er ist. Doch jeder Mensch ist einmalig und einzigartig und ein Wachstumsprozeß, wenn er sich annimmt. Nimmst Du Dich an?

So wie Du bist, so

Jeder von uns – ohne Ausnahme – hat in seiner Kindheit Gefühle und Gedanken unterdrückt, weil wir oft die Erfahrung gemacht haben, daß unsere Eltern uns ihretwegen tadelten. Mit der Zeit bekamen wir das Gefühl, schlecht zu sein, schlechte Gedanken und schlechte Gefühle zu haben. Wir wollten jedoch ein gutes Kind sein, mußten ein gutes Kind sein, um von den Eltern geliebt und

geachtet zu werden. Also versteckten wir diese Gefühle und Gedanken vor unseren Eltern. Früh mußten wir jemand anders sein, um geliebt zu werden. Und ständig das bittere Gefühl im Herzen: wenn die anderen wüßten, wer du wirklich bist!
Und so haben sich in jedem, in jedem von uns Tränen angesammelt, die wir nicht weinen durften, Ängste, die wir nicht haben durften, Haßgefühle, die wir hinter einem Lächeln verbergen mußten, Schmerz, den wir nicht zeigen durften.
Diese Tränen, Schmerzen und Ängste sind keineswegs verschwunden. Sie sind immer da, auch heute noch, hier und jetzt, auch wenn wir uns, gerade weil wir uns ihrer nicht bewußt sind: so im Verhalten Autoritäten gegenüber, in der Unfähigkeit, Forderungen zu stellen, selbst in unseren Träumen. Überall kommen sie – uns nicht bewußt – zum Vorschein und verzerren und verdunkeln die Gegenwart, die wir hinter dem Tränenschleier der Tränen, die wir nicht weinen durften, kaum noch wahrnehmen können. Die Ängste der Kindheit lassen uns als Erwachsene die Wirklichkeit nicht so erleben, wie sie ist. Die Enttäuschungen der Kindheit machen uns unfähig, die Menschen zu lieben, ihnen zu vertrauen. Das Gefühl aus

der Kindheit, schlecht zu sein, führt uns dazu, daß wir anderen Menschen etwas vormachen, um geliebt zu werden. Wir kommen also nicht dazu, wirklich zu leben, weil wir nicht dazu kommen, wirklich erwachsen zu sein vor lauter unbewältigter Vergangenheit.

Im entspannten Zustand der Meditation jedoch können wir, endlich, diese Gefühle erreichen, die Tränen weinen, die wir nicht weinen durften, den Haß zeigen, den wir verbergen mußten, und die Ängste zulassen, die wir verstecken mußten. Wir brauchen keine Angst vor diesen Gefühlen zu haben, denn irgendwo und irgendwann in unserem Leben sind sie aus einer ganz konkreten Situation heraus geboren worden.

In der Meditation führt uns das Unbewußte zurück bis zu der Situation, in der das Gefühl entstanden ist. Wir brauchen uns dafür nicht anstrengen. Und wenn wir bis zur Quelle eines Gefühls gelangt sind, verstehen wir, endlich, den Sinn dieses Schmerzes, dieser Angst. Denn nichts im Leben ist sinnlos. Das sogenannte Sinnlose ist unsere Unfähigkeit, den Sinn zu erkennen.

Je länger wir meditieren, desto mehr werden wir wachsen, erwachsen werden, freier wir selbst sein, aufrichtiger in unseren Gefühlen,

klarer in unseren Gedanken. Und die Gefühle der Kindheit, die lange verdrängten und verleugneten, dürfen endlich auch mit uns erwachsen werden und leben, mit uns leben.
Diese Befreiung, wenn Du endlich begreifst: Du mußt ja kein Schauspieler eines Idealichs sein, keine Heldenrolle spielen, um geliebt zu werden. So wie Du bist, das genügt nicht nur, um geliebt zu werden, sondern es ist die entscheidende Voraussetzung für die Liebe, die Liebe der anderen ebenso wie Deine eigene. So wie Du bist, das ist mehr als alle Masken der Vollkommenheit sind, weil Du es selbst bist, Du. Und sagt jemand zu Dir: „Ich kann Dich nur lieben, wenn Du so oder so bist", dann antworte ihm: „Dann such Dir jemanden, der so ist, wie Deiner Meinung nach ein Mensch sein muß, um von Dir geliebt zu werden."

Die Zeit bleibt nicht stehen, wenn die Uhren stehenbleiben. Achte weniger auf die Uhren, mehr auf Deine innere Zeit. Du hast nicht eine Lebenszeit, Du bist Deine Lebenszeit. Jeder Mensch ist unentbehrlich – sich selbst am meisten. Wer sich selbst entbehren muß, entbehrt das Wesentlichste, denn er lebt ohne

Selbstbewußtsein, wird sich seiner nicht selbst bewußt, weder in dem, was er tut, noch in dem, was er nicht tut. Es sind immer die anderen, für die er da ist, die ihn bestimmen. Wo sie Dir von ewigen, heiligen Werten sprechen, bedenke ihre Vergänglichkeit im Laufe der menschlichen Geschichte.

Der Fehler mit den Fehlern

Keinen Fehler machen zu wollen ist bestimmt ein Fehler. Alles richtig machen zu wollen ist bestimmt falsch. Wer sich vornimmt, keine Fehler mehr zu machen, hat mit diesem Vorsatz schon wieder einen gemacht. Wir machen unsere Fehler, weil wir leben. Doch wir leben nicht, um Fehler zu machen. Wir machen unsere Fehler, weil wir aus ihnen lernen können. Und der Umgang mit Fehlern ist nicht leicht, vor allem nicht mit den eigenen Fehlern. Wer einen Fehler nicht zugibt, begeht den zweiten. Wer einen Fehler zugibt, ist einen großen Schritt weitergekommen auf dem Weg zu sich selbst.
Wie kommt es eigentlich, daß es uns so sehr darauf ankommt, keine Fehler zu machen?

Unter allen Lebewesen ist der Mensch das einzige, das Fehler machen kann, um aus ihnen zu lernen. Wie sehr das Fehlermachen eine sittliche Leistung ist, erkennen wir, wenn wir uns einen Grabstein vorstellen, auf dem stände: „Hier ruht XY, ein Mensch, der nie einen Fehler machte." Und obwohl wir wissen, wie verlogen Grabsteine sind, diese Lüge wäre uns zuviel.

Wie ich der wurde, der ich bin.
Ich bin ja nicht immer der gewesen,
der ich heute bin.

Lange Zeit hielt ich die Gedanken, Gefühle und Wünsche, die von mir erwartet wurden, für meine eigenen Gefühle, Gedanken und Wünsche. Ich war ganz abhängig davon, was andere von mir erwarteten, wie andere auf mich reagierten, wie andere mich sahen, was andere von mir dachten, wie andere mich bewerteten, ob andere mich akzeptierten.
Nach Begegnungen oder Gesprächen mit anderen Menschen dachte ich weniger über die Begegnung und über die Gespräche nach als darüber, was ich wohl für einen Eindruck

gemacht hätte, was wohl die anderen von mir denken würden, jetzt.
Wie die meisten Menschen brachte ich es einfach nicht fertig, mir eigene Gedanken über mich selbst zu machen. (Erst viel später begriff ich: solange du dein Urteil über dich selbst von den Meinungen anderer abhängig machst, so lange hast du keine eigene Identität.) Ich ging in jede Situation hinein wie in eine Prüfung, die ich zu bestehen hatte. Und weil ich Angst hatte durchzufallen, machte ich ALLE Menschen zu Richtern über meinen Wert. Und so wurde ich unsicher, bekam Angst vor den Menschen, wurde immer abhängiger von ihren Urteilen, von ihren Reaktionen auf mich.
Heute gibt es weder Menschen noch Situationen, die mir angst machen oder die meine Selbstachtung gefährden könnten. Heute weiß ich: solange ich mich wirklich selbst achte, genau so lange bin ich unabhängig von aller Fremdachtung. Ich brauche die Achtung der anderen nicht mehr, um mich selbst zu achten. Und Situationen sind nicht mehr Prüfungssituationen, sondern Gelegenheiten, neue Erfahrungen mit mir und mit anderen zu machen. Und ich bin wieder neugierig auf mich geworden. Und ich muß nicht mehr

ängstlich bemüht sein, die Forderungen meines Idealbildes zu erfüllen, denn ich habe endlich begriffen, daß meine Vorstellung von mir selbst nicht von mir ist und auch nicht für mich ist, sondern mir von anderen anerzogen, andressiert worden ist.
Seitdem ich das Idealich getötet habe, seitdem lebe ich wieder. Töte Dein Idealich, und Du wirst leben. Denn Du wirst nicht mehr der Mensch sein müssen, der Du im Grunde, wenn Du auf Deinen Körper achtest und auf Deine Gefühle, gar nicht sein möchtest und auch nie warst. Und ich bin, wie jeder Mensch, abhängig von anderen Menschen in der Vorstellung, die ich von mir selbst habe. Doch dies sind nur wenige Menschen, Menschen, mit denen ich lebe, mit denen ich für eine bessere Gesellschaft arbeite, Menschen, denen ich vertraue und die ich liebe.

Meditation ist die Übung, bei dem zu bleiben, was ist, und nicht bei dem hängenzubleiben, was war oder was sein sollte. Solange ich wirklich bei dem bleibe, was ist, fühle ich auch die Gefühle, die aus dem Jetzt kommen, weil ich im Jetzt bin. UND die Meditation ist das, was gerade ist. Und ich bin der Mensch in der Meditation, der jetzt gerade so ist und nicht anders.

Natürlich haben die Erfahrungen der Vergangenheit und die Hoffnungen auf die Zukunft Einfluß auf unsere Gegenwart. Doch wir sollten uns im klaren darüber sein: wer mit den schlechten Erfahrungen der Vergangenheit die Gegenwart mißt, hat eigentlich die Vergangenheit noch nicht beendet und lebt Gefühle der Angst, der Trauer oder der Wut in der Gegenwart aus, wobei die Gegenwart nicht wahrgenommen wird, also nicht beginnen und nicht zu Ende kommen kann.

Viele von uns hat ein schweres Erlebnis in der Vergangenheit so verletzt zurückgelassen, daß wir Angst haben, uns der Gegenwart und damit gegebenenfalls neuen Verletzungen zu öffnen, verletzlich wie wir dadurch geworden sind. UND doch ist der einzige Weg zu neuen Erfahrungen, also auch Erfahrungen von Freude, Glück, Zufriedenheit dadurch zu ermöglichen, daß wir die Vergangenheit zulassen und die Gefühle der Vergangenheit zu Ende kommen lassen. Anders können wir keinen vollen Kontakt zur Gegenwart herstellen.

Lebensfreund Schmerz?

Wir können uns nicht erinnern, ohne uns an schmerzhafte Ereignisse zu erinnern. Und vielfach waren die Zeiten, in denen wir uns unglücklich fühlten, Zeiten der Besinnung, Zeiten des Neuanfangs, Geburtsstunden von neuem Glück. Können wir uns einen Menschen vorstellen ohne Unglück, ohne Schmerz? Natürlich strebt kein Mensch auf Schmerz und Unglück hin, und doch erfahren alle Menschen Schmerz und Unglück. Schmerz und Unglück verbinden die Menschen ebenso wie Glück und Freude. Wir verstehen den Schmerz eines Menschen besser, ja, wir verstehen den Menschen überhaupt erst, wenn wir sein Unglück verstehen.

Schmerz ist nicht lebensfeindlich. Der Schmerz möchte uns erinnern, daß wir anders leben sollten, und manchmal zwingt er uns, zwingt uns, innezuhalten und unser Leben, das sonst in ständigen Aktionen und Reaktionen abläuft, von einem anderen Standpunkt aus zu betrachten. Wir erfahren etwas im Schmerz, was wir ohne den Schmerz niemals erfahren hätten. Nehmen wir also die Botschaft des Schmerzes an. Versuchen wir ihn zu verstehen, zu verstehen als wichtige Botschaft des

Lebens, und nicht als Übel, als Unheil, das es zu bekämpfen gilt. Schmerz will heil machen.

Angst? Alle Menschen haben Angst – das zu verstehen und für sich selbst anzuerkennen, ist lebenswichtig. Und es ist ganz natürlich, daß wir uns wünschen, frei von Angst zu sein. Doch viele Menschen begegnen ihrer Angst unnatürlich. Sie fliehen vor ihrer Angst, oder sie betäuben sich mit Drogen oder mit Arbeit, oder sie kämpfen mit ihrer Angst. Wer sich wirklich von seiner Angst befreien will, der muß sie zuerst einmal zulassen. Zulassen ist der erste Schritt. Der zweite Schritt heißt sie annehmen. Der dritte Schritt ist, sie zu verstehen, zu verstehen, was sie mir sagen will.

H infführung 3

**Alles, was ist,
ist es nur in Beziehung
zu allem andern.**

Das Glück betrifft niemals
einen Menschen allein –
zum Glück.

Meditation ist ein Zustand geistiger, körperlicher und seelischer Offenheit und Fühlfähigkeit. Dieser Zustand beschränkt sich nicht nur auf den Zeitraum der Meditation, sondern führt allmählich zu einem stärkeren Erleben der Gegenwart und läßt uns an uns selbst und an anderen, an unserer Umwelt und an der Natur viel mehr und genauer wahrnehmen.

Meditation ist ein neues In-der-Welt-Sein.

Volle Wahrnehmung schließt auch die volle Wahrnehmung der gesellschaftlichen Zustände mit ein. Wer volle Wahrnehmung erreichen will, kann seine Augen nicht vor der Welt verschließen, in der er lebt. So wie ein Sehender es nicht fertigbringen kann, nur das zu sehen, was ihm gefällt, so kann auch der Meditierende nicht vom Zustand der vollen Achtsamkeit die sozialen Zustände ausschließen, in denen er lebt.
Meditation ist Teil unserer sozialen Wirklichkeit. Ein Meditierender kann sich nicht klar werden über sich selbst, ohne sich darüber klar zu werden, in welcher Gesellschaft er lebt, heute und hier.

Ich weiß, wovon ich spreche, denn in meiner nunmehr dreißigjährigen Erfahrung mit Meditierenden habe ich immer wieder erfahren, daß Einsichten verändern und daß ein veränderter Mensch viele Menschen und Zustände verändert, einfach darum, weil die Menschen nun in anderer Weise auf ihn reagieren müssen.
Der Veränderte verändert. Der Veränderer wird verändert. Das ist ein wechselseitiger Prozeß der Entwicklung. Wir sind Produkte und Produzenten der Gesellschaft, in der wir leben.

Was wird aus einem Adler, der in einem Hühnerstall zur Welt kommt? Ein Huhn?

Der Adler, der in einem Adlerhorst zur Welt kommt, wird ohne Anstrengung auf ganz natürliche Weise, Adlerweise, ein Adler. Sein Bruder im Hühnerstall wird in dem für ihn unnatürlichen Lebensraum mehr und mehr verkümmern, asozial und neurotisch werden. Die Hühner werden das natürlich nicht verstehen können.
Die Selbstentwicklung ist in einem guten

sozialen Klima ein natürlicher, organischer Prozeß. Wachstum zu sich selbst ist keine Anstrengung, keine Leistung, wenn das soziale Klima Wachstumsklima ist.

Doch die soziale Umwelt kann dem Entwicklungsprozeß so feindlich sein, daß ein Wachstum nicht möglich ist. Das Tier kann sich nicht wehren, der Mensch ist verantwortlich für sein Wachstumsklima. Gesteht ihm die Umwelt nicht das Recht zu, so zu sein, wie er ist, der zu werden, der er ist, muß er diese wachstumsfeindliche Umwelt verändern, damit er darin leben und wachsen kann.

Die Kernfrage für jeden selbstverantwortlichen Menschen ist also: Was kann, was muß ich tun, um mich entwicklen zu können? Denn die besten Anlagen und Einsichten nützen dem Salzwasserfisch nichts, wenn er gezwungen wird, im Süßwasser zu leben. Und die fleißigsten Flugübungen nützen dem Adler im Hühnerstall nichts, er wird nur immer und immer wieder gegen die niedrige Decke des Hühnerstalls stoßen.

Lebenswichtig, überlebenswichtig ist, die Umwelt zu ergründen und zu befragen, ob sie ein Lebensraum für uns ist, für unsere Bedürfnisse, für unsere Wünsche, für unseren Lebenshunger.

Was ist Bewußtsein?

Bewußtsein ist immer das Bewußtsein von etwas, ist bewußtes Sein. Und nicht alle Menschen haben die gleiche Bewußtseinsstufe. Und so haben wir über die gleiche Welt, die gleichen Ereignisse, die gleichen Sätze verschiedene Meinungen, verschiedenes Bewußtsein.

In der Meditation erreichen wir eine Bewußtseinsstufe, die sich wesentlich vom Alltagsbewußtsein unterscheidet. Der Meditierende sieht vieles, was er schon viele Male gesehen hat, zum ersten Male wirklich, weil frei von den Sehgewohnheiten, Denkgewohnheiten, Gefühlsgewohnheiten des anerzogenen Alltagsbewußtseins.

Die fremden Gedanken im eigenen Kopf

Wissen ist immer Wissen über etwas. Bewußtsein ist immer Bewußtsein von etwas. Und beides, Wissen und Bewußtsein, können falsch sein, sind in der Regel falsch, weil wir uns nicht mit eigenen, sondern mit fremden Gedanken Gedanken über uns und die Welt machen.

Denn wie Untersuchungen zeigen, kommen die meisten Gedanken der Menschen über sich selbst nicht aus einer wachen und genauen Wahrnehmung ihrer selbst, sondern ihre Gedanken geben die Gedanken der anderen wieder: Gedanken, die MAN zu diesem oder jenem einfach zu haben hat. Wir denken, doch viele Gedanken in unserem Kopf sind nicht eigene Gedanken, weil sie sich nicht in unserer Lebenserfahrung begründen. Wer mit fremden Gedanken denkt, wie kann der zu eigenen Meinungen kommen?

Autorität und Meditation

Nicht Gehorsam und schon gar nicht blinden Gehorsam fordert die Meditation, sondern sie bittet, bittet um Geduld und Aufmerksamkeit für die volle achtsame Wahrnehmung des eigenen Selbst, um es wahr zu machen.
Wahrnehmen hat viel mit Wahrheit zu tun und Gewahrwerden und Wahrwerden. Wahrnehmen heißt auch bewahren, wahr machen.
Die Meditation ist eine Absage an die Autoritäten. Sie vertraut auf die Selbst-Erfahrung, die Selbst-Besinnung und die Selbst-Bestim-

mung. Eigene Gedanken und eigene Gefühle sind die Erde für das eigene Wachstum.
Bevor wir die Autoritäten draußen bekämpfen, müssen wir die Autoritäten in uns bekämpfen. Zu viele versuchen fest auf fremden Füßen zu stehen und mit fremden Gedanken durchs eigene Leben zu gehen.

Haltung und Meditation

Entscheidend für die Meditation ist die innere Haltung, nicht die äußere.
Alle Betenden und alle Meditierenden der Welt ähneln sich in ihrer Haltung. Und gerade deswegen ist es nicht so, daß die gefalteten Hände das Gebet sind oder die empfohlene meditative Haltung die Meditation ist. Das Gebet beginnt innen. Und wenn die innere Haltung stimmt, falten sich die Hände wie von selbst. Ich jedenfalls habe noch nie einen Betenden oder Meditierenden gesehen mit geballten Fäusten oder erhobenem Zeigefinger.
Die Unterscheidung zwischen äußerer und innerer Haltung ist in Wirklichkeit eine zu grobe Vereinfachung und bringt nicht ganz zum Ausdruck, was in der INTA-Meditation

wirklich geschieht. Die Beziehung zwischen äußerer und innerer Haltung ist eine wechselseitige. Der Geist schafft sich die Form, die Form schafft sich den Geist. Der Geist der Andacht schafft sich die Form. Und die Form der Andacht schafft sich den Geist. Dementsprechend bedeuten die zur Schale geöffneten Hände sowohl den Geist der Meditation als auch die Form.

Welche Körperhaltung ist für die INTA-Meditation die beste? Jene Haltung ist am meisten Meditationshaltung, die den Körper am wenigsten zwingt und ihm am wenigsten vorschreibt. Der Körper hat ein natürliches Bedürfnis nach der Entspannung, die ihm am besten bekommt. Jeder Zwang ist unnatürlich.

Die Entspannung ist der Schlüssel zu vielen Türen und Speisekammern. Im entspannten Zustand läßt sich am besten leben, lernen, fühlen, lieben, denken.

Vor allem, wir strengen uns nicht an, um in diesen angenehmen Zustand der Entspannung zu kommen. Je weniger wir uns anstrengen, um so schneller werden wir den Zustand der Entspannung erreichen. Je weniger wir uns zu einer bestimmten Haltung zwingen, desto mehr werden wir uns entspannen.

Und ich fühle jedesmal deutlich, wie gut es

mir tut, mich tief zu entspannen und zu fühlen, wie dieser warme Strom tiefer Entspannung durch meinen Köper fließt, durch meinen ganzen Körper, von oben bis unten, vom Kopf bis in die Fußspitzen. Ein Zustand tiefer Ruhe und tiefen, tiefen Friedens. Und ich fühle, wie sich in diesem Zustand der meditativen Entspannung die alten Restspannungen lösen, eine nach der anderen, wohltuend lösen, endlich lösen. Und ich fühle die Entspannung deutlich als warmes, heilendes Wohlgefühl durch meinen ganzen Körper fließen. Ich genieße den Frieden meines entspannten Körpers.

Angst und Körperhaltung

Chronische Angst verfestigt sich im Körper als starre, verkrampfte Körperhaltung. Verkrampfungen sind erstarrte Angstreaktionen. Es ist leichter, unsere Angst über die körperliche Entspannung abzubauen als umgekehrt. Denn wer keine Angst hat, ist entspannt. Je tiefer ich entspannt bin, um so weniger Angst kann ich haben. Die Angst kann sich nicht stauen im entspannten Körper. Körperliche Entspannung bewirkt immer weitaus mehr als nur körperliche Entspannung. Je tiefer der Zustand der Entspannung, desto leichteren Zugang haben wir zu unseren verdrängten, verleugneten Gefühlen. Der Zustand der tiefen Entspannung ist also der Königsweg zu unseren abgespaltenen, verleugneten Gefühlen. Die Tiefenentspannung ist die Voraussetzung für den Zugang zu den Gefühlen und Gedanken von Dir, die Du am wenigsten kennst.

Atmung und Meditation

Wir können leben ohne Nahrung etwa 40 Tage, ohne Wasser etwa 8 Tage, ohne Luft etwa 5 Minuten. Diese zeitliche Reihenfolge zeigt unsere Abhängigkeit vom Atem, macht deutlich, wie lebenswichtig der Atem ist.
Verändert sich unser Atem, dann verändert sich mehr als unser Atem. Veränderter Atem kann bedeuten: vermehrte körperliche Anstrengung, intensivere Gefühle, Entspannung oder Anspannung, Schmerz, Lust, Freude, Traurigkeit, Erschrecken: mir stockte der Atem, mir blieb die Luft weg, da mußte ich erst einmal tief Luft holen. **Meditatives Atmen**

ist natürliches Atmen. Säuglinge atmen meditativ, Katzen atmen meditativ. Von wem haben sie das meditative Atmen gelernt? Viele Menschen haben unbewußt Angst, zu wenig Luft zu bekommen. Woher kommt diese Angst? Wir atmen so, wie unsere Gesellschaft lebt. In unserer Gesellschaft wird das Haben großgeschrieben. Wer viel hat, möchte mehr haben, und wer mehr hat, möchte noch mehr haben. Ohne daß wir uns dessen bewußt sind, können wir nicht genug haben, selbst von den Dingen nicht, von denen es doch offensichtlich genug gibt. Es gibt genug Luft für alle, noch.

Am liebsten würden wir nur einatmen und einatmen, Luft holen, uns Luft holen, am besten auf Vorrat, sparen, gut anlegen, verzinsen, um in bösen Zeiten, wenn die armen Schlucker nach Luft schnappen, sich an ersparter Luft erfreuen zu können.

Wir können nicht anders atmen, als wir leben. Wir atmen nicht anders, als wir denken. Wir haben die Leistungsgesellschaft so tief verinnerlicht, daß wir unbewußt glauben: je mehr wir einatmen, desto mehr Luft haben wir. Und je mehr Luft einer hat, um so mehr glaubt er zu sein: Bist du was, hast du was, hast du viel, bist du viel.

Untersuchungen zeigen, daß die meisten Men-

schen, die unter Atembeschwerden leiden, zu wenig Luft bekommen, weil sie zu viel Luft haben wollen. Tief atmen heißt für sie tief Luft holen. Dabei hat die größere Wirkung das tiefe Ausatmen: je tiefer ich ausatme, desto tiefer muß ich einatmen.
Ich bitte den Leser/die Leserin, jetzt einmal ganz tief auszuatmen, ganz tief, bis es nicht mehr geht, und am Ende der Ausatmung noch eine kleine Pause zu machen und bis drei zu zählen und dann zu versuchen, nur wenig, ganz wenig einzuatmen. Spätestens beim dritten Atemzug werden Sie an sich selbst die Erfahrung machen: je tiefer ich ausatme, desto tiefer muß ich einatmen. Je mehr ich gebe, desto mehr bekomme ich. Je mehr Luft ich abgebe, desto mehr Luft empfange ich.
Den Atem achten ist etwas anderes als auf den Atem achten, um ihn zu regulieren oder zu kontrollieren. Wenn ich meinen Atem geschehen lasse, bekomme ich von ihm Botschaften, die mein Verstand noch nicht wahrgenommen hat. Mein Atem lenkt mich manchmal auf Gefühle hin oder auf eine Unstimmigkeit in der Situation. Und dann erlebe ich, daß mein Atem alles viel sensibler wahrnimmt als mein Verstand und ich viel von ihm lernen kann. Wir erleben die Geborgenheit des Atems, wir

atmen ungestört, sobald wir den Atem geschehen lassen, sein lassen. **Leiste Deinen Atem nicht, genieße ihn, lebe ihn.** Empfange seine Botschaften. Er ist Dein bester Freund.

Der Atem ist der Schnittpunkt zwischen Körper und Seele, zwischen Bewußtem und Unbewußtem.

Indem ich den mir eigenen Rhythmus meines Atems finde, finde ich mich selbst.

Orte und Meditation

Es gibt Landschaften und Orte, besondere Landschaften und besondere Orte, die eine besondere Kraft besitzen, besondere Kräfte schenken. Ich meine nicht jene Orte, die wir gewöhnlich als Kurorte bezeichnen und die nicht müde werden, auf ihre Kräfte hinzuweisen. Ich denke hier an Orte, gewöhnliche Orte, deren Schönheit nicht auf den ersten Blick entdeckt wird, Orte, die trotzdem oder gerade

deswegen Geborgenheit vermitteln, die bewahren, die schützen.
Jeder Mensch kennt diese Orte. Und mancher reist um die halbe Welt, um an einen solchen Ort zurückzukehren: Orte der Kindheit, Orte der Jugend, Orte, wo wir Menschen begegneten, die wir lieben. Diese Orte gibt es.
Und es gibt Orte, die Kräfte abziehen, die behindern, die unruhig machen, die vom Wesentlichen wegführen. Jeder Mensch muß diese Orte selbst erkennen.
Landschaften und Orte sind entscheidend als Ausgangspunkte für Meditationen, nicht entscheidend sind die Räume, die vier Wände, das Dach über unseren Köpfen, unter dem wir meditieren. Jeder Raum kann zum Meditationsraum werden, eine Wohnküche ebenso wie ein großartiger Raum mit gotischen Fenstern und mit Blick weithin ins Land. Die Meditation ereignet sich in uns, durch uns und nicht durch Räumlichkeiten.
Jeder Ort hat viele Wirklichkeiten. Jeder Raum kann darum zum Meditationsraum werden. Es gibt keine besonderen Voraussetzungen, die einen Raum zum Meditationsraum werden lassen. Jeder Raum kann Meditationsraum sein, wenn er uns Geborgenheit und Freude schenkt. Jeder Raum kann zum

Kloster werden oder zur Kathedrale, zu einem Ashram oder zu einem heiligen Raum – jeder Raum, jeder, auch der, wo Du jetzt bist. Jetzt, hier.

Störungen?

In Wirklichkeit gibt es keine Störungen für den, dessen Geist im Zustand der Meditation ist. Der Meditierende will nichts festhalten, und er stellt nichts zwischen das, was ist, und das, was sein sollte. Das, was ist, ist. Das, was sein sollte? – ist nichts als die andere Seite der gleichen Münze. Was wir Störungen nennen, ist eine willkürliche Wertung. Der Grund für diese Wertung liegt in der Vorstellung, daß alles, was ist, auch anders sein könnte. Sobald ich das, was ist, voll annehme, kommt es zu keinen Störungen mehr.
Alles, was ist, ist auch in seinen Gegensätzen ausgedrückt: kalt in warm, Dunkelheit in Licht, schlecht in gut, Lärm in Stille. Sobald ich keinesfalls gestört sein möchte, stellt sich die erste Störung ein allein durch diesen Vorsatz. Ich bin dann nicht mehr offen für das, was ist. Ich lauere auf Störungen, beispielsweise auf Geräusche, störende Gedanken oder

unangenehme Gefühle. Je mehr ich den Zustand absoluter Nicht-Störung anstrebe, desto sicherer werde ich mich gestört fühlen. Eben gerade höre ich eine Motorsäge, doch ich höre sie nicht als Störung, ich kämpfe nicht an gegen das Geräusch, ich höre ihr zu und bin sicher, schon nach fünf Minuten ist dieses Geräusch für mich interessant wie ein atonales Musikstück.
Wie leicht oder schwer störbar sind Sie selbst? Wann und wo sind Sie leicht störbar? Wann und wo kann Sie nichts stören?

Wann meditieren?

Die alltägliche Meditation führt zum Wesen der Meditation. In der täglichen Wiederholung dieser Meditationen verwandeln sie sich zu Leben und verwandeln das Leben. Wer die volle Kraft der Meditation erfahren will, muß täglich meditieren, täglich und zu bestimmten Zeiten. Diese tägliche Wiederholung macht die Meditation bald zu einem vertrauten und wohltuenden Teil des Tages. Wie von selbst stellt sich die Freude auf die Meditation ein. Die Meditation am Morgen eines Tages ist der beste Anfang für den Tag, denn wir gehen froh und entspannt und klar in den Tag hinein. Die Meditation am Ende eines Tages ist wie das Ausruhen auf einem Gipfel. Ich schaue auf den Tag und erkenne in der Meditation seine Botschaften. Und gleichzeitig schenkt mir die Meditation am Ende eines Tages tiefe Entspannung und eine wohltuende Ruhe. Oft geht die Meditation am Ende eines Tages unmittelbar in den Schlaf über.

Für mich sind die beiden täglichen Meditationen so zum wesentlichen Teil meines Lebens geworden, daß ich mir mein Leben ohne Meditation nicht vorstellen kann. Ich vermute, daß viele Lebenskonflikte und Probleme dadurch entstehen, daß die Menschen nicht regelmäßig Besinnungspausen einlegen und sich fragen: Wie fühle ich mich? Wovor habe ich Angst? Was wünsche ich mir am meisten? – Wer meditiert, hat eine größere Nähe zu seinem Leben, zu seinen Gefühlen, zu seinen Zielen als der Nichtmeditierende.

Hier liegt das Geheimnis der meditativen Lebensführung: Viele Probleme entstehen erst gar nicht, wenn wir mit unseren Gefühlen und Wünschen leben, sie zulassen, sie einbeziehen. Wer meditiert, wirkt darum auf viele Menschen so gelassen, weil er loslassen kann.

Für mich persönlich war es eine beglückende und entscheidende Erfahrung zu erleben, wie sich meine Ruhe und Heiterkeit und Wahrnehmungsfähigkeit in der Meditation mehr und mehr im ganzen Leben verwirklichten. Anfangs war ich nur in den engen Zeiträumen der Meditation jener Mensch, der zu sein ich mir wünschte, also war offen, gütig, freundlich. Doch dann, je länger ich meditierte, griff die meditative Haltung auf mein ganzes Leben über und machte mich frei für die Menschen. Ich verbrauchte meine Kraft nicht mehr damit, nach Achtung und Liebe zu streben, weil ich erfuhr:

Willst du geliebt werden, dann liebe.
Willst du geachtet werden, dann achte.
Willst du Vertrauen empfangen, dann vertraue.

Ich grüße meine Leserinnen und Leser.

Weil ich es immer wieder erlebe, daß jeder Mensch etwas weiß, was ich nicht weiß, erlebt hat, was ich nicht erlebt habe, denkt, was ich nicht denke, bitte ich, mir zu antworten, mich zu fragen, wenn Fragen und Antworten entstanden sind.

Mit guten Wünschen

Werner Sprenger
Haus Kaltwasser
D-7801 St. Ulrich

Anleitung

**Wege entstehen,
indem wir sie gehen.**

Immer auch
Möglichkeiten schaffen
für die Unmöglichkeiten.

Die Meditationsanleitung **Wie meditieren?** wurde erarbeitet von Atina Haberkern und Helga Wolfrum.

WIE MEDITIEREN?

Der Meditationsverlauf: Die INTA-Meditation verläuft in vier Phasen, in der Gruppe in fünf Phasen.

1. die Phase der Entspannung, der inneren Stille und des Sichöffnens.
Diese Phase beginnt damit, daß ich kurz die Augen schließe, bewußt atme, mich entspanne, also ankomme bei mir, ankomme im Hier, verweile im Jetzt.
Der folgende Text ist eine Hinführung zur Meditation. Wer mit der Meditation noch nicht vertraut ist, liest zuerst den ganzen Text für sich und kann sicher sein, daß sich mit der Zeit der Text in ihm verinnerlicht. Die vom Text beschriebene Hinführung macht auch ohne wortwörtliche Wiederholung zur Meditation bereit.
In der Gruppenmeditation wird dieser Hinführungstext von einem Gruppenmitglied gelesen, langsam gelesen, mit Pausen, um Zeit und Raum zum Nachfühlen und Einfühlen zu geben.
Diese Phase dauert in der Regel etwa zehn Minuten.

Ich mache es mir jetzt für die Meditation so bequem wie möglich. Und ich zwinge meinen Körper nicht in eine bestimmte Meditationshaltung. Ich schreibe meinem Körper nicht vor, was für ihn bequem zu sein hat. Mein Körper weiß besser als mein Verstand, was gut für ihn ist, wie er sich am tiefsten entspannt. Ich habe nicht meinen Körper, ich bin mein Körper. Und jedesmal, jedesmal wenn ich meinem Körper Zwang antue, tue ich meinem ganzen Leben Zwang an.
Ganz ruhig und ohne jede Anstrengung schließe ich nun die Augen. Ich schließe die Augen. Ich halte die Augen geschlossen.
Und jetzt achte ich auf meinen Atem. Ich achte meinen Atem. Und so wie ich meinem Körper keinen Zwang antue, zwinge ich auch meinen Atem nicht. Ich kontrolliere meinen Atem nicht. Ich reguliere meinen Atem nicht. Ich nehme meinen Atem wahr. Ich mache meinen Atem wahr. Ich nehme meinen Atem an. Ich bin mein Atem. In meinem Atem berühren sich Körper und Seele. Und ich nehme seine ganze Lebendigkeit wahr. Mein Atem muß sich nicht immer gleich sein. Denn mein Atem ist lebendig, lebendig. Und alles Lebendige verändert sich ständig. Und mit jedem Atemzug sinke ich tiefer und tiefer, tiefer und tiefer

hinein in diesen wohltuenden meditativen Zustand der Entspannung, der Gelassenheit und der Ruhe. Tiefer und tiefer mit jedem Atemzug. Ich fühle mich entspannt.
Ich fühle mich gelassen.
Ich fühle mich ruhig.
Ich bin entspannt.
Ich bin gelassen.
Ich bin ruhig.

Und ich muß diesen meditativen Zustand nicht leisten. Ich fühle mich wohl in diesem Zustand, der wie alles Lebendige sich nicht immer gleich ist. Ich muß nicht immer den gleichen Zustand der Entspannung erreichen wollen, erreichen müssen. Nichts kann diesen Zustand stören, nichts. Kein Gedanke, kein Gefühl, keine Erinnerung, kein Geräusch, nichts. Und ich versuche auch nicht, diesen Zustand zu verteidigen. Ich weise keinen Gedanken und kein Gefühl zurück. Alle Gefühle, alle Gedanken sind zugelassen, sind willkommen. Denn ich bin alle meine Gefühle, ich bin alle meine Gedanken. Ich lasse die Gefühle und die Gedanken kommen und gehen, gehen und kommen, wie die Wolken am Himmel kommen und gehen. Ich lasse meine Gefühle und Gedanken geschehen, kommen und gehen, kommen und gehen.

Und nun höre ich auf die Stille, diese lebensvolle meditative Stille, zu der alle Geräusche des Lebens gehören. Und auch hier weise ich kein Geräusch zurück. Denn die meditative Stille ist nicht die Totenstille, die meditative Stille ist nicht die absolute Abwesenheit von allen Geräuschen. Die meditative Stille ist die innere Anwesenheit der Stille, das Dasein der Stille in mir. Und ich öffne mich, öffne mich der Stille weit, weit öffne ich mich diesem weiten, breiten Strom der Stille. Und jetzt bin ich ein Flußbett, ein Flußbett für diesen weiten, breiten Strom der Stille, der mein Leben fruchtbar macht. Und damit dieser Strom der Stille ungehindert durch mich hindurchfließen kann, öffne ich meinen Kopf wie ein Schleusentor dem Strom der Stille weit, weit öffne ich meinen Kopf dem Strom der Stille. Und genau so, in der gleichen Weise öffne ich mein Herz der Stille weit, weit öffne ich mein Herz der Stille. Ich fühle mein Herz stark und ruhig schlagen. Und jetzt, jetzt öffne ich mein Leben, mein ganzes Leben dieser Stille weit, weit öffne ich mein ganzes Leben dieser Stille. Und ich fühle die Kraft dieser Stille und bin bereit, bereit für die Meditation, aus der ich wieder Kraft schöpfen werde und Selbstvertrauen und Lebensfreude.

2. die Phase der ständigen Wiederholung der ausgewählten Meditation.

Diese fortwährende Wiederholung der Meditation ist ein wesentlicher Teil der Wirkung der Meditation. Also kein Überdenken der Meditation, kein Behaltenwollen der Meditation. Sich nichts merken wollen. Einzig und allein die Wiederholung ist wichtig, die Wiederholung allein, die fortwährende Wiederholung. Die Wiederholung ist eine vollständige Meditationsübung an sich. Die Meditation wird mit leiser Stimme gelesen, ruhig und ohne Anstrengung.

Die Phase der ständigen Wiederholung dauert etwa zehn Minuten.

3. die Phase des absoluten meditativen Schweigens mit geschlossenen Augen.

Sinn und Bedeutung dieser Phase ist es, allem Raum zu geben, Zeit-Raum, was die Meditation in uns bewegt. Und es ist wichtig, alle Gedanken, alle Gefühle, alle Bilder, alle Erinnerungen, wirklich alles zuzulassen und nicht auf bestimmte Gefühle, Gedanken und Erinnerungen zu warten. Wir lassen alle Gedanken, Gefühle, Bilder und Erinnerungen zu, alle, ohne sie zu bewerten, damit wir endlich

mit ihnen, aus ihnen leben können und nicht mehr gegen sie leben müssen. Jede Erinnerung, die in der Meditation aufbricht, ist eine verborgene Quelle des Lebens, die wir irgendwann, irgendwo, meist in der Kindheit, durstig verlassen mußten und die nun unseren Durst stillen möchte. Und jede Erinnerung hat ihre Zeit der Auferstehung. Und wir können darauf vertrauen, daß alles, was in der Meditation geschieht, im genau richtigen Augenblick geschieht.
Die Phase des absoluten meditativen Schweigens dauert etwa zehn Minuten.

4. die Phase der meditativen Mitteilungen bei geschlossenen Augen.
Bei der Einzelmeditation teilt sich der Meditierende mit leiser Stimme, entspannt und ruhig, selbst mit, was die Meditation ausgelöst hat und auslöst. Dieses Aussprechen ist wichtig, denn anders als beim Denken ereignet sich für das Unbewußte das Unausgesprochene in dem Augenblick, in dem ich es ausspreche.
In der Gruppe teile ich mich auch den anderen mit, doch ohne daß aus der Gruppe geantwortet wird. Das Aussprechen in dieser Phase ist wichtig, nicht die Antworten der anderen, denn zu frühe Antworten unterbrechen und

zerstören die Bewußtseinsprozesse, die gerade erst begonnen haben.
Jede meditative Mitteilung in der Gruppe beginnt mit „Ich bin . . . (Name)". Dieses „Ich bin . . ." verwandelt eine unverbindliche Mitteilung in eine Mitteilung, von der ich mir bewußt bin, daß ich es bin, der/die spricht, daß ich es bin, der/die diese Mitteilung verantwortet, ich und niemand sonst. Und jede meditative Mitteilung endet mit „Danke". Dieses Danke gibt mir die Sicherheit, daß niemand mich unterbrechen wird, ehe ich meine Mitteilung wirklich beendet habe. Ich kann mir also Zeit lassen, kann meinen Gedanken und Gefühlen ihren Lebensraum geben.

5. die Phase des meditativen Gesprächs mit geöffneten Augen.
Diese Phase beginnt, indem wir die Augen öffnen, uns anschauen und so zurückkehren in die Gruppe. Und ich spüre die Veränderung, spüre die Beziehung zu jedem in der Gruppe und manchmal auch eine neue Beziehung zu mir selbst, ein neues In-der-Welt-Sein.
Und auch im meditativen Gespräch beginnen wir jede Mitteilung mit „Ich bin . . . (Name)" und beenden sie mit „Danke". Ich weiß also, auch hier, daß ich es bin, der/die endlich etwas

ausspricht, und daß ich mir Zeit lassen kann bis zu meinem Danke.
Das meditative Gespräch in der Gruppe unterscheidet sich von allen anderen uns gewohnten Gesprächen. Das meditative Gespräch ist einzigartig, denn hier wird ausgesprochen, was sonst oft mit Worten zugedeckt wird. Das meditative Gespräch ist ein Geschenk der Gruppe, denn es geschieht im vertrauensvollen Raum der Gruppe, und es wird in der Gruppe bewahrt und geschützt. In gewohnten Gesprächen können wir uns oft nicht aussprechen, im meditativen Gespräch können wir uns aussprechen, also zur Sprache bringen, was wir uns und anderen lange verschwiegen haben. Das meditative Gespräch ist ein beglückender und manchmal auch schmerzhafter Bewußtwerdungsprozeß. Es führt nicht zur Selbstwerdung, es ist ein Teil der Selbstwerdung.

Die Kernsatzmeditation (KS-Meditation)

Für alle Situationen, in denen die volle Meditation nicht möglich ist, besteht die Möglichkeit der Kernsatzmeditation.
Im Zustand meditativer Entspannung nehme ich den Kernsatz in mich auf, nehme ihn an, indem ich ihn etwa dreizehnmal wiederhole, laut oder leise oder auch nur im Denken. Wichtig ist die Wiederholung im entspannten Zustand.
Die Kernsatzmeditation ist eine eigenständige Meditation. Obwohl die Kernsatzmeditation in der Regel aus nur einem einzigen Satz besteht, wird sie manchmal mehr auslösen als eine große Meditation. Besonders dann, wenn wir sie zum Bestandteil eines Tages machen, besteht die Möglichkeit einer besonders tiefen Wahrnehmung. Dann erlebe ich, wie dieser Satz im Laufe des Tages nicht der gleiche Satz bleibt und sich und mich zunehmend verändert. Indem sich meine Beziehung zu diesem Satz verändert, verändert sich meine Beziehung zu mir selbst.
Ein solcher Satz wirkt wie ein Mikroskop, unter dem ich die Strukturen unserer Wirklichkeit besser erkenne. Unter einem Mikroskop verändert sich die Wirklichkeit. Das

bedeutet, andere Schichten der gleichen Wirklichkeit werden mir wahrnehmbar. Natürlich kann ein solcher Satz auch wie ein Fernrohr wirken: das Entfernte kommt mir näher, und ich kann erkennen, was ich sonst nicht erkenne.

FRAGEN
die oft gestellt werden
und
meine Antworten

Soll ich mich genau an die Meditationsanleitung halten?

Während der Meditation gehen die Uhren anders. Die ungefähre Dauer der Meditation: für den alleine Meditierenden gute zwanzig Minuten, in der Gruppe eine gute Stunde.
Und auch das ist keine Vorschrift, denn jede Vorschrift, jede Regel ohne Ausnahme bedeutet Zwang. Und das Wesen der Meditation ist Freiheit, Selbstbestimmung, Selbstverantwortung. Und das heißt, jeder wird die für ihn beste Dauer herausfinden, ebenso alles andere Beste, die beste Körperhaltung, die besten Zeiten für die täglichen Meditationen, den besten äußeren, den besten inneren Rahmen.
Abweichungen bei der Hinführung und der Durchführung der Meditation können vorkommen, dürfen vorkommen, denn auch Abweichungen entsprechen einer inneren Notwendigkeit. Der Meditierende sollte allen

Regeln mißtrauen, die keine Ausnahme zulassen.
Alles Gute für die Meditation!

Sollten die Meditationen in der Reihenfolge des Buches gelesen und meditiert werden?

Dieser Frage begegne ich oft. Meine Antwort: Verlassen Sie sich auf Ihr Interesse, denn Ihr Interesse ist der zuverlässigste Ratgeber dafür, welche Meditationen oder Texte gerade für Sie wichtig sind.

Gruppen- oder Einzelmeditation?

Auch hier verwirrt das Oder viel. Das Leben kennt nicht die Notwendigkeit des Entweder-Oder. Darum Gruppen- und Einzelmeditation. Manchmal ist es gut, tut es gut, allein zu meditieren, andere Male ist es gut, tut es gut, in der Gruppe zu meditieren und die Gegenwart und die Anteilnahme von Menschen zu spüren, denen wir vertrauen.

Muß ich in jeder Meditation etwas sagen?

Keine Meditation gleicht der anderen. Es gibt Meditationen, in denen viel gesprochen wird, und es gibt Meditationen, in denen wenig oder fast nicht gesprochen wird. Für die Meditierenden wichtig ist es, sich von Erwartungen zu befreien, Erwartungen, die jemand an sich selbst hat, Erwartungen, von denen er meint, daß andere sie hätten. Wir haben in der Meditation keine Erwartungen zu erfüllen. Niemand sollte sich dafür verantwortlich fühlen, daß eine Meditation besonders gut wird. Das wäre schlecht für die Meditation. Also schweigen, wenn uns nach Schweigen zumute, sprechen, wenn uns nach Sprechen zumute ist. In der Gruppe können wir Vertrauen haben.
Manchmal kann das Schweigen sagen, was Worte nicht sagen können. Manchmal geschieht im Schweigen das Entscheidende.
Was uns fehlt, sind nicht die Worte, was uns fehlt, ist die innere Achtsamkeit, das Gefühl dafür, wann Schweigen besser ist, wann Sprechen besser ist.

Ist es schlimm, wenn ich während der Meditation einschlafe?

Anfangs geht der meditative Zustand der Entspannung leicht in Schläfrigkeit und Schlaf über. Und das ist nicht weiter schlimm, sondern ein Erfolg. Denn der Schlaf ist ja ein Zustand tiefer Entspannung. Nur – wer schläft, der meditiert nicht.
Anders als der Schlaf ist der meditative Entspannungszustand ein Zustand entspannter, gelöster Wachheit, in dem ich mich, anders als im Schlaf!, bewußt erlebe und dabei mich genauso tief und erholsam entspanne wie im Schlaf. Wir alle machen ja die Erfahrung, daß wir nach einer Meditation wach und frisch sind, als hätten wir uns so richtig ausgeschlafen. Das wohlige Räkeln nach der Meditation drückt dieses Gefühl deutlich aus.

Kann ich durch die Meditation erfolgreicher werden?

Wer einzig und allein darum meditiert, um außerordentliche Zustände zu erreichen, versetzt sich selbst in den Zustand, der dieses

Erreichen unmöglich macht, denn gerade diese Lebenshaltung, daß wir nur darum etwas tun, um etwas zu erreichen, entspricht nicht der meditativen Lebenshaltung.
Wer so meditiert, befindet sich eben nicht im meditativen Zustand des Loslassens, des Offenseins, des Geschehenlassens, sondern im Zustand der Kontrolle, der Zwecke, des Habenwollens. Die Meditation ist kein Mittel zum Zweck, sie ist der Zweck selbst.

Hat die Meditation meßbare körperliche Auswirkungen?

Körper, Seele und Geist sind ein Ganzes. Darum ist es natürlich, daß die Meditation körperliche Wirkungen hat, die leicht nachzuweisen, weil meßbar sind. Allerdings machen für mich diese Meßwerte nicht das Wesen der Meditation aus, doch sie lassen für jeden erkennen, daß die Meditation positive körperliche Auswirkungen hat. So zeigen Atemfrequenz, Herzschlag, Blutdruck, Cortisol- und Milchsäurespiegel während der Meditation Meßwerte, die sonst nur im Schlaf vorkommen. Das EEG zeigt ausgeprägte, regelmäßige und kontinuierliche Alpha-Rhythmen und hochamplitudige Theta-Wellen statt der Delta-Wellen wie im Tiefschlaf. Der Meditierende ist also hellwach, obgleich die Körpermeßwerte Tiefschlaf anzeigen. Und er erreicht in der Meditation innerhalb weniger Minuten die Tiefenentspannung, für die er im Schlaf einige Stunden braucht. Bei manchen Meditierenden zeigen die Werte sogar einen noch tieferen Entspannungszustand an als im Schlaf. Und die Atemfrequenz kann derart abnehmen, daß sich manche Meditierende in Indien ihren Lebensunterhalt damit verdienen, sich eine bestimmte Zeit eingraben zu lassen.

Die Wunderheilungen in der Meditation?

Zunehmend kommen Menschen in die Meditation, um von Migräne, Krebs, Warzen und Sehstörungen befreit zu werden. Und in der Tat, es kann und soll nicht abgestritten werden, daß Spontanheilungen stattfinden und Menschen bei körperlichen oder seelischen Schmerzen Linderung finden. Doch hier von Wundern zu sprechen, das hieße, die Meditation falsch zu verstehen. Die Meditation als

Heilmittel einzuordnen, trennte sie von ihrem Wesen ab. Nicht ein Wunder heilt, sondern die neue Ganzheit von Geist, Seele und Körper. Ein Mensch kann nicht zu einem neuen Bewußtsein seiner selbst gelangen, ohne daß alles andere auch neu wird.
Scheinbar Unmögliches wird nur dann ermöglicht, wenn wir bereit sind, neue Wege zu gehen, neue Erfahrungen zu machen, Gewohnheiten aufzugeben. Die falsche Sicherheit der Gewohnheiten beruht oft auf erstarrten Fehlanpassungen und Fehlsteuerungen, die Geist, Seele und Körper verkümmern lassen. Doch Geist, Körper und Seele sind eine untrennbare Einheit, und es kommt oft zu körperlichen und seelischen Krankheiten, wenn diese untrennbare Einheit getrennt wird. Denn unser Wohlbefinden, unsere Gesundheit werden biochemisch und hormonell von dieser Ganzheit gesteuert. Ist diese Ganzheit gestört, vergessen, verleugnet, ist alles andere auch gestört. Ein neues In-der-Welt-Sein, auf einer neuen Ebene zu fühlen, zu denken, zu handeln stärkt diese Ganzheit und lockert die Fesseln der Gewohnheiten. Ist es da ein Wunder, daß Körper, Seele und Geist zu einer neuen Gesundheit finden?

DIE 10 INTA-GEBOTE

1. Allen Regeln mißtrauen, die keine Ausnahmen kennen.
2. Den Menschen vertrauen, nicht den Theorien.
3. Sich allen Geboten verweigern, die in Wahrheit Verbote sind.
4. Das Anderssein des Anderen achten, ehren und schützen genau wie Dein Sosein.
5. Mich in Dir erkennen, Dich in mir erkennen.
6. Sei gut – auch zu Dir selbst.
7. Einsichten nicht nur haben, sondern leben.
8. Alles richtig machen zu wollen, ist bestimmt falsch.
9. Bejahe Dich als lebendigen Wachstumsprozeß.
10. Sei lebendig, solange Du lebst.

Meditationen 1

Ich suche Geborgenheit in meinem eigenen Leben.

Gäbe es die Dunkelheit nicht,
würden wir das Licht nicht kennen.

Ich? Wer bin ich? Ich? Wer bin ich? Ich bin alle meine Gefühle, ich bin alle meine Gedanken, ich bin alle meine Begegnungen mit Menschen. Und alle meine Gefühle und alle meine Gedanken dürfen jetzt leben, jetzt, sollen jetzt leben, jetzt. Und es gibt keine verbotenen Gedanken und keine verbotenen Gefühle mehr in meinem Leben. Ich lasse auch die Gedanken und die Gefühle zu, die mir angst machen, die mich kränken und schwach machen und beunruhigen. In dem Maße, in dem ich sie zulassen kann, werde ich die Kraft und den Mut finden, darauf hören zu können, was sie mir sagen wollen und was von mir sie ausdrücken. Fühlen die unterdrückten Gedanken und Gefühle sich von mir angenommen, brauchen sie nicht mehr in Form von Ängsten und Spannungen auftreten und sind nicht mehr meine Feinde, sondern meine Freunde. Und ich muß nicht mehr gegen sie leben, ich kann mit ihnen leben, mit ihnen. M 1

Ich bin alle meine Gefühle, ich bin alle meine Gedanken, ich bin alle meine Begegnungen mit Menschen. KS 1

In Zukunft werde ich, ab heute werde ich nicht mehr versuchen, durch fremden Mund satt zu werden, nicht mehr versuchen, durch fremden Mund satt zu werden.
Warum meditiere ich? Warum meditiere ich? Warum? Ich meditiere, um mehr über mich zu lernen und mich besser kennenzulernen, auch mein ungelebtes Leben, auch meine unerfüllten Wünsche. Und ich gebe mir genau so viel Mühe mit mir, wie ich mir Mühe gebe, fremde Menschen kennenzulernen und sie zu verstehen. Und dazu brauche ich viel, viel Geduld mit mir, um mich nicht zu verletzen. Ich stell' mich nun auf meine eigenen Füße und schau' mich an mit meinen eigenen Augen und bedenke mich und andere mit meinen eigenen Gedanken und fühle mich und andere mit meinen eigenen Gefühlen und wünsch' mir was mit meinen eigenen Wünschen und versuch' nicht mehr, durch fremden Mund satt zu werden. M 2

Ich wünsch' mir was mit meinen eigenen Wünschen. KS 2

Wie ich sein sollte und wie ich bin. Ich bin so, wie ich bin, so bin ich. Ich nehme mich an, so wie ich bin, genau so. Ich kann im Augenblick kein anderer/keine andere sein. Und ich sage mir auch nicht mehr, ich sollte anders sein. Ich lasse mir auch nicht mehr von anderen sagen, ich sollte anders sein, damit sie mich annehmen oder lieben können. Denn ich bin ein Wachstumsprozeß, dem ich vertraue, dem ich traue, mehr als allen Ratschlägen. Dieser innere Prozeß verändert mich, ohne daß ich meine Veränderung planen oder sie mir von anderen planen lassen müßte. M 3

Ich bin ein Wachstumsprozeß, dem ich vertraue und den ich schütze. KS 3

Zulassen, Seinlassen, Loslassen, dies sind die Grundhaltungen der Meditation. Gedanken und Gefühle kommen lassen, gehen lassen, zulassen, sein lassen, loslassen. Und Gedanken und Gefühle, die wir kommen und gehen lassen, zulassen, sein lassen, die brauchen wir nicht zu bekämpfen, auch nicht zu bewerten, nur zu denken, nur zu fühlen, ihre Botschaften zu empfangen. M 4

Ich bin mir bewußt, daß Zulassen, Seinlassen, Loslassen die Voraussetzungen wirklichen Verstehens sind. KS 4

Es gibt eine Fremdheit, fremder als alle anderen, schlimmer als alle anderen, das ist die Fremdheit dem eigenen Leben gegenüber, dem eigenen Tun und Denken gegenüber. Ein Fremder zu sein im eigenen Leben, sich nicht zu Hause zu fühlen, wo wir zu Hause sind, sich nicht geborgen zu fühlen, wo wir Schutz suchen, nicht verstanden zu werden, wo wir Verstehen suchen. Wie kommt es zu dieser schlimmsten aller Fremdheiten. Es fängt früh an, auf dem Schoß der Mutter: „Pfui, das tut man nicht“, auf den Knien des Vaters: „Gib her, sei ein braves Kind.“ Und so geht es ein Leben lang weiter, bis wir uns fremd geworden sind, so fremd wie der fremdeste Mensch. M 5

Ich suche Geborgenheit in meinem eigenen Leben, denn nur dort kann ich sie wirklich finden. KS 5

Als ich denken lernte, lernte ich in Wirklichkeit nicht denken, sondern mich anzupassen und das Denken zu mißbrauchen. Die Gedanken waren nur ein Hilfsmittel der Erziehung, zu denken, was denken die anderen. Und so verdachte ich mich selbst, dachte mich um mein Selbst, dachte darüber nach, was ich hätte anders machen können, was ich falsch gemacht habe, was die anderen von mir denken. In der Meditation lerne ich mich wirklich kennen und mich achten, meine eigenen Gefühle und Einsichten zu leben. Und das Befreiende dabei ist: seitdem kann ich auch die anderen Menschen viel mehr sein lassen, wie sie sind, achten, wie sie sind, lieben, wie sie sind. M 6

Ich vertraue meinen Gefühlen und meinen Gedanken, und darum vertraue ich Deinen Gefühlen und Deinen Gedanken. KS 6

Ein Recht habe ich, das heilige, das heilende Recht, ich zu sein. Und es gibt niemanden auf der Welt, niemanden, der mir sagen könnte, wie ich sein müßte oder sein sollte, um ich zu sein. Denn ich bin es ja, ich, der/die 24 Stunden lang ich sein muß, ob ich will oder nicht. Und ich will keine Lüge mehr sein. Und ich will auch nicht nach einer vorgeschriebenen Art ich sein. Und ich will nicht mehr anders sein müssen aus Angst, abgelehnt zu werden von Euch. Nein, ich werde das falsche Spiel nicht mehr spielen, das falsche Spiel der vielen Ichs, die aus meinem Leben einen lebenslangen Maskenball machen. Ich werde keine Maske mehr tragen. Ich werde nicht mehr für mich ein anderes Ich sein als für Dich. Ich werde nicht mehr für mich ein anderes Ich sein als für andere. Ich habe das Recht, ich zu sein, das heilige Recht. Und wer mir dieses Grundrecht nicht zugesteht, der hat auch kein Recht, mir zu sagen, wie ich seiner Meinung nach ich sein müßte – ICH. Und Du, Du hast das Recht, Du zu sein, das heilige Recht. M 7

Ich habe das Recht und die Pflicht, ich zu sein.
KS 7

Wer bin ich? Wer bin ich für mich? Wer bin ich für Dich? Ich bin der Partner meiner Partnerin, ich bin die Partnerin meines Partners, ich bin der Freund meines Freundes, ich bin die Freundin meiner Freundin, ich bin der Vater meiner Kinder, ich bin die Mutter meiner Kinder, ich bin das Kind meiner Eltern – das alles bin ich. Und das alles bin ich auch nicht. Also – wer bin ich? Ich bin ich, und ich bin mehr als alle sozialen Rollen, welche die Gesellschaft mir zugewiesen hat, welche das Leben mir zugewiesen hat, welche das Schicksal mir zugewiesen hat. Ja, ich bin alle diese Rollen und bin alle diese Rollen auch nicht. M 8

Ich bin mehr als alle sozialen Rollen, welche die Gesellschaft, das Leben, das Schicksal mir zugewiesen haben. KS 8

Menschenkenntnis beginnt bei mir selbst. Und wer sich selbst nicht kennt, der lernt auch andere Menschen nicht wirklich kennen. Lange Zeit interessierte ich mich mehr für alle anderen Menschen als für mich selbst. Doch Menschenkenntnis beginnt mit Selbsterkenntnis. Die Selbsterkenntnis ist der erste Schritt. Und was ich in der Meditation über mich erfahre, erfahre ich gleichzeitig auch über andere Menschen. Das wird mir immer wieder bewußt, wenn ich mit anderen austausche, was ich in der Meditation über mich erfahren habe.

M 9

Ich bin mir bewußt, daß Menschenkenntnis mit Selbsterkenntnis beginnt. KS 9

Welches Leben lebe ich, und wie würde ich gerne leben? Ich lebe eine Lüge, wenn ich fremde Wünsche und Bedürfnisse mehr berücksichtige als meine eigenen Wünsche und Bedürfnisse. Und ich belüge mich selbst, wenn ich meine eigenen Wünsche und Bedürfnisse weniger wahrnehme und weniger ernst nehme. Denn aus der Erfüllung meiner eigenen Wünsche und Bedürfnisse empfange ich mein Glück und die innere Zufriedenheit, die ich sonst vergeblich suche. Ich kann durch fremden Mund nicht satt werden. M 10

Ich bin mir bewußt, daß ich durch fremden Mund nicht satt werden kann. KS 10

Du, mein ungelebtes Leben, Du. Ich werde Dich erlösen, ich werde mich in Dir erlösen. Ich werde Dich zum Leben erwecken. Wir werden gemeinsam lebendig sein, Du und ich. Und ich erfahre in der Meditation, wie ich auch bin. In der Meditation begegne ich Dir, meinem vergessenen, verdrängten, verleugneten, nicht verwirklichten Selbst. In der Meditation erlebe ich Dich, mein ungelebtes Leben, Euch, meine unerfüllten Wünsche, Euch, meine verleugneten Bedürfnisse, Euch, meine nichtverwirklichten Möglichkeiten. Ich lasse geschehen, was geschieht, lasse kommen, was kommt, gehen, was geht. Ich habe keine Absicht mit mir und mit der Meditation. Ich lasse mich von dem überraschen, was geschieht. Ich bin offen für alles. M 11

Du, mein ungelebtes Leben, Du, ich verspreche Dir, ich werde Dich erlösen. KS 11

Ich habe nicht meine Gefühle, ich bin meine Gefühle, und manchmal bin ich glücklich, und manchmal bin ich traurig. Und ich achte auf meine Gefühle, ich achte meine Gefühle. Gefühle erklären? Gefühle wollen gar nicht immer erklärt werden. Erklärungen sind gefährlich. Sind die Erklärungen falsch, verfälschen sie das Gefühl. Ein Gefühl ausschwingen lassen, nicht im Kopf, der Kopf ist viel zu klein dazu, der Bauch ist größer, das Leben ist noch größer. Laß Deine Gefühle in Ruhe fühlen, laß Deine Gefühle mit Gründen in Ruhe. Was ist ein Gefühl? Ein Gefühl ist ein Gefühl – ist ein Gefühl. Du brauchst ein Gefühl nicht ins Denken übersetzen. Es verliert viel bei der Übersetzung, Du verlierst viel bei der Übersetzung. M 12

Ich übersetze meine Gefühle nicht ins Denken. Seitdem fühle ich mich wohler. KS 12

Ich bin ein Ganzes. Und lebe ich denn als der ganze Mensch, der ganze Mensch, der ich bin, bin mit allen meinen Gefühlen, bin mit allen meinen Gedanken, bin mit allen meinen Begegnungen mit Menschen. – Ja, ich fühle, daß ich ein Ganzes bin, ein Ganzes, und als Ganzes leben muß, leben möchte, leben werde. Denn wenn ich nur einen Teil meines Lebens lebe und fühle und annehme und einbringe in die Begegnungen mit Menschen, verkümmern die anderen Teile, verkümmere ich. Denn auch hier, in mir, mit mir ist das Ganze, das ich bin, mehr als die Summe aller meiner Teile. Ja, zu diesem Ganzen, das ich bin, gehört das Dunkle und das Helle in mir, gehören nicht nur die guten Eigenschaften, sondern auch jene, die ich am liebsten verleugnen würde, die ich kaum mir, geschweige denn anderen eingestehe. Ja, es gibt heute noch manches in meinem Leben, das ich am liebsten vergessen würde, verleugnen, verdrängen – und nicht mehr verleugne, nicht mehr verdränge. Um ein voller, ganzer Mensch zu werden, werde ich mich auch zu diesen dunklen Seiten bekennen.
M 13

Ich bin mir bewußt, daß ich ein lebendiges Ganzes bin. KS 13

Ich selbst? Ich selbst fühle mich tiefer, als jeder andere Mensch mich fühlen kann. Ich selbst weiß meine Vergangenheit wie kein anderer Mensch. Und ich habe wie jeder Mensch Geheimnisse, Erinnerungen, Erlebnisse, die nur in meinem Leben vorkommen, die mein Leben sind. Und seit ich ja zu mir selbst sage, fühle ich meine Unvergleichlichkeit, meine Einzigartigkeit, und gleichzeitig fühle ich die Unvergleichlichkeit und die Einzigartigkeit eines jeden Menschen, eines jeden Menschen. M 14

Ich weiß nicht nur um meine Einmaligkeit, ich versuche sie auch zu leben und zu schützen, denn mir ist bewußt, daß es diese Einmaligkeit ist, die uns Menschen unverwechselbar macht. KS 14

Du bist auf dieser Welt einmalig und einzigartig. Und Du wirst nie wieder sein. Und dieser Tag heute wird nie wieder sein. Und alles, was Du tust, ist wichtig, wenn Du es tust, Du, als das einmalige und einzigartige Wesen in dieser Welt. M 15

Ich bin mir bewußt, daß jeder Mensch einmalig und unvergleichlich ist. KS 15

Muß ein Sonnenblumenkern lernen, eine Sonnenblume zu werden? Ich habe lange Zeit geglaubt, daß ich von den anderen lernen müßte, ich zu sein. Und darum unterdrückte ich alles von mir, um so zu sein, wie die anderen mir sagten, daß ich ich sein sollte, um von ihnen anerkannt, geachtet und geliebt zu werden. Jetzt fühle ich, daß ich ich bin und so wenig lernen muß, ganz ich zu werden, so wenig ein Sonnenblumenkern lernen muß, ganz eine Sonnenblume zu werden. Und ich bin mir gewiß, daß jeder Mensch die angeborene, die ihm eingeborene Fähigkeit und Lebenskraft hat, genau der zu werden, der er ist. Und ich vertraue dem Entwicklungsprozeß, der ich bin. M 16

Ich bin, wie alles Lebendige, ein Entwicklungsprozeß. Ich vertraue diesem Entwicklungsprozeß. KS 16

Nehme ich mich an? Habe ich Geduld mir mir? Habe ich Vertrauen zu mir? Achte ich mich? Liebe ich mich? Schütze ich mein Wachstum? Nicht geachtet, nicht geliebt, nicht ernst genommen zu werden, davor hatte ich Angst, davor hatte ich Angst, weil ich mich selbst nicht ernst nahm, mich selbst ablehnte, mich selbst nicht achtete, mich selbst nicht liebte. Und es kam mir überhaupt nicht in den Sinn, ich selbst zu sein. Erst die Meditation öffnete mir die Augen für mich selbst. Und jetzt achte ich darauf, ich selbst zu sein, weil ich mich selbst achte. M 17

Ich werde in Zukunft darauf achten, ich selbst zu sein, weil ich mich selbst achte. KS 17

Fühle ich Unruhe, fühle ich Angst, frage ich meine Unruhe, meine Angst: Woher kommst Du? Kommst Du aus dem Hier-und-Jetzt? Und dann schaue ich mir das Hier-und-Jetzt an, und wenn da kein Anlaß ist, Angst zu fühlen, erkenne ich – und diese Erkenntnis ist befreiend: viele Ängste, viele Spannungen kommen nicht aus dem Jetzt, sondern aus der Vergangenheit oder aus der Zukunft. Alle diese Sorgen um morgen und übermorgen legen sich wie ein kalter Nebel auf die warme Wirklichkeit. Wir leben, wenn es hoch kommt, hundert Jahre und sorgen uns, niedrig geschätzt, für tausend Jahre. M 18

Je tiefer ich im Jetzt lebe, jetzt lebe, um so lebendiger bin ich. KS 18

Die Ewigkeit des Jetzt. Denn alles, was war, das ist jetzt. Und alles, was sein wird, das ist jetzt. Und alles, was ich war, das bin ich jetzt. Und alles, was ich sein werde, das bin ich jetzt. Und ich bin ganz in mir, bin ganz in diesem Augenblick, jetzt, ganz in meinem Gefühl, jetzt, ganz in der Meditation, jetzt, ganz in dem warmen Strom, den ich durch meinen Körper strömen fühle, ganz in der lebensvollen Dunkelheit meiner geschlossenen Augen. M 19

Ich werde in Zukunft, ich werde ab heute bewußter die Ewigkeit des Jetzt leben. KS 19

Ich und mein Körper, mein Körper und ich. Ich habe nicht meinen Körper, ich bin mein Körper. Und ich spreche mit meinem Körper wie mit einem vertrauten Freund, und ich höre auf meinen Körper. Und mein Körper hat eine Seele, und mein Körper hat einen Geist. Und die Dreiteilung in Körper, Geist und Seele ist das Ergebnis falschen Denkens. Ich kann der allmächtigen Lebenskraft meines Körpers vertrauen. Ich kann der Weisheit meines Körpers vertrauen. Tag und Nacht, ununterbrochen und ohne daß ich darüber nachdenken müßte, laufen in meinem Körper Vorgänge ab, die alle auf Wachstum, Erneuerung, auf Heilung gerichtet sind. Alle diese unzähligen Vorgänge müssen also von einer Vernunft gesteuert werden, die der Vernunft des Verstandes weit überlegen ist. Diese Vorgänge sind so vollkommen, daß der genialste Verstand nichts, aber auch gar nichts daran zu verbessern fände. Kein Mensch, kein Computer wäre fähig, diese Vorgänge zu regulieren oder zu kontrollieren.

M 20

Ich vertraue der Weisheit meines Körpers. Und ich vertraue der allmächtigen Lebenskraft, die Energie und Kraft bis in die letzte Zelle schafft und mir Gesundheit schenkt und Lebensfreude. KS 20

Wo bin ich? Ich bin in mir selbst. Ich bleibe bei mir selbst, bleibe bei mir selbst, ohne mich der Welt zu verschließen, bin in der Welt, ohne mich in ihr zu verlieren. Und so kann ich, endlich, ohne Angst meine Angst zulassen und meine Freude an der Welt zulassen, ohne mich im Außen der Welt zu verlieren, ohne mich im Innen meiner Selbst zu verlieren. M 21

Ich schließe mich nicht ab von der Welt, ich bin in dieser Welt, doch ohne mich in ihr zu verlieren. KS 21

Ohne Angst Angst haben? Früher hatte ich so viel Angst vor meiner Angst, daß ich meine Angst weder mir noch anderen Menschen zugeben konnte. Ich verleugnete meine Angst. Ich verdrängte meine Angst. Ich bekämpfte meine Angst. Ich verneinte meine Angst. Doch ein Gefühl, das wir verneinen, lernen wir nicht verstehen. Heute? Heute sage ich ja zu meiner Angst, heute kann ich meine Angst annehmen. Denn die Angst ist ein natürliches Gefühl, das uns vor Gefahren warnt und schützt. Und es gibt viele Ängste. Und jede Angst hat ihre Botschaft für mich. Die Botschaft nicht zu hören, das ist die Gefahr. Das ist die Gefahr, nicht die Angst ist die Gefahr, nicht die Angst ist gefährlich. Ich grüße mein Leben in meiner Angst. Ich grüße meine Angst als Lebensbotschaft. Und so kann ich meine Angst fühlen, voll fühlen und von ihr lernen und mit ihr leben, nicht gegen sie. Wieviel Leben habe ich versäumt aus Angst vor der Angst. M 22

Ich sage ja zu meiner Angst: ja. Denn ein Gefühl, das ich verneine, lerne ich nicht kennen. KS 22

Ich bewerte nichts. Bewertungen machen blind für das, was ist. Wenn ich etwas bewerte, sehe ich nicht, was ist, sondern sehe nur, was sein sollte. Wenn ich eine Katze ansehe, sehe ich die Katze an, so wie sie ist, so wie sie ist, und messe sie nicht an dem Idealbild einer Katze. In der gleichen Weise sieht der Meditierende einen Menschen an, sieht ihn, wie er ist, und nicht, wie er sein sollte. Das Werten zerstört das, was ist. Und mit einer Vorstellung, wie ein Mensch sein sollte, mache ich alle Eigenschaften eines Menschen, der nicht so ist, wie er meiner Meinung nach sein sollte, zu Fehlern, zu Abweichungen, zu Mängeln. Und so wird ein lebendiger, einmaliger Mensch durch meine Wertung zu einem Mängelwesen allein dadurch, daß er anders ist als meine Vorstellung von ihm, mein Bild von ihm. M 23

Ich bemühe mich, nicht zu werten. KS 23

Es gibt keine gute Meditation, und es gibt keine schlechte Meditation. Das Wesen der Meditation liegt jenseits von gut und schlecht. Jede Meditation ist, so wie sie ist, so wie sie ist. Und natürlich könnte jede Meditation anders sein, als sie ist, denn sie ist lebendig. Und vielleicht ist sie morgen auch anders. Doch heute, hier und jetzt, ist sie so, wie sie ist, so und nicht anders, und ich nehme ihre Botschaften an, so wie sie kommen. Denn die Meditation ist, wie sie ist, so wie sie ist, ist sie, genau so. M 24

Ich nehme jede Meditation an als einzigartig, einmalig und unvergleichlich. KS 24

Störungen? Es gibt Zeiten, da stört mich nichts. Es gibt Zeiten, da stört mich alles. Wenn ich mir sage: dieser Gedanke ist eine Störung, dann bewerte ich diesen Gedanken. Alles, was ich als Störung erlebe, erkenne ich nicht wirklich an. Was stört, ist verboten. Wer darf denn verbieten? Warum denn verbieten? Wenn etwas verboten werden sollte, dann sind es die Verbote. Ich erlebe den Zustand der Meditation als das, was jetzt mit mir geschieht, was sich jetzt in mir bewegt, was ich jetzt wahrnehme, was jetzt ist, was ich jetzt bin. Und ich bin die Meditation, und die Meditation ist ich. Und nichts sollte anders sein, und nichts ist verboten. M 25

Ich bin mir bewußt, daß ich alles, was ich als Störung erlebe, nicht wirklich wahrnehme.
KS 25

Deine Meditation? Meine Meditation? So wie zwei Menschen nicht auf genau die gleiche Art lieben können, so können sie auch nicht auf die gleiche Art meditieren. Deine Meditation ist Deine Meditation. Du bist es, Du, der/die Du Dich in der Mitte Deiner Meditation findest. Meine Meditation ist meine Meditation. Ich bin es, ich, der/die ich mich in der Mitte meiner Meditation finde. Jeder Meditierende, der nichts Bestimmtes von der Meditation erwartet oder will, wird genau das von ihr bekommen, was er braucht. M 26

Ich mache die Erfahrung, daß jede Meditation mir genau das gibt, was ich brauche. KS 26

Keine Bilder mehr. Das Bild, das Du von mir hast, bin nicht ich. Das Bild, das ich von Dir habe, bist nicht Du. Ich bin mir bewußt, daß ich die Bilder aufgeben muß – das Bild von mir, um mich endlich kennenzulernen, das Bild von Dir, um Dich endlich kennenzulernen. Und jeder Mensch ist mehr als alle Bilder von ihm. M 27

Ich bin bereit, das Bild von mir aufzugeben, um mich kennenzulernen. KS 27

Was weiß ich von mir? Was weißt Du von mir? Ich weiß von mir Dinge, die niemand sonst weiß. Gerade dieses geheime, geheimnisvolle Wissen brauche ich, um mich tiefer zu verstehen. Und ich werde dieses Wissen in Zukunft annehmen, achten und schützen. Denn gerade dieses geheime Wissen von mir habe ich früher verdrängt und verleugnet, ja, verachtet, um mir ein ideales Bild von mir zu erhalten und um geachtet und geliebt zu werden. DOCH gerade dieses Ideal-Bild von mir verhinderte jede tiefe Begegnung mit mir selbst und mit anderen und verhinderte auch, daß ich so geachtet und geliebt wurde, wie ich bin. Alle kannten ja nur mein Ideal-Bild, niemand kannte mich. Denn ich war ja nichts als der Schauspieler meiner selbst und lebte ständig mit dem Katastrophengefühl: wenn Ihr wüßtet, dann würdet Ihr mich nicht mehr lieben, dann nicht mehr. – Endlich lebe ich mit dem Anspruch, so geliebt zu werden, wie ich bin, so wie ich bin. So. M 28

Ich lebe endlich mit dem Anspruch, so geliebt zu werden, wie ich bin. Endlich lebe ich. KS 28

Liebe und Achtung. Liebe kann ich nicht erzwingen. Liebe kann mir niemand schenken, wenn ich mich selbst nicht liebe. Die Liebe der ganzen Welt nützt mir nichts, wenn ich mich selbst nicht liebe. Und Achtung kann mir niemand vermitteln, wenn ich mich selbst nicht achte. Und die Achtung der ganzen Welt nützt mir nichts, wenn ich mich selbst nicht achte.
M 29

Ich achte mich. Und ich bin mir bewußt, daß die Achtung der ganzen Welt mir nichts nützt, wenn ich mich selbst nicht achte. KS 29

Vertrauen. Wo beginnt Vertrauen, wo? Und wie beginnt Vertrauen, wie? Vertrauen beginnt bei mir selbst. Wer sich selbst vertraut, nur der Mensch wird auch anderen Menschen vertrauen können. Mir selbst vertrauen können. Mir genug Selbstvertrauen zu schenken, zu schenken, um aufrichtig mit mir und mit anderen sein zu können – sein zu dürfen. Vertrauensvoll sein. Lange vertraute ich anderen Menschen mehr als mir selbst. Und lange vertraute ich anderen Menschen mehr von mir selbst an, als ich mir selbst von mir anvertraute. Jetzt vertraue ich mir. Ich vertraue mir. Und ich vertraue Dir, und ich vertraue uns. Und ich vertraue meinen Gefühlen, und ich vertraue meinem Wachstumsprozeß. Trauen wir uns endlich, uns zu vertrauen, miteinander vertrauensvoll zu sein. M 30

Ich schenke mir genug Selbstvertrauen, um aufrichtig mit mir und mit anderen zu sein.
KS 30

Kein Lebewesen hat mehr Möglichkeiten als der Mensch. Kein Lebewesen lebt weniger seine Möglichkeiten als der Mensch. Wer könnte von sich sagen: „Ich lebe alle meine Möglichkeiten." Woher kommt diese Unmöglichkeit, unsere Möglichkeiten zu leben? Alles, was möglich ist, das ist jetzt möglich, jetzt. Und es war nicht gestern möglich, und es war nicht gestern möglich. Und es wird auch nicht morgen möglich sein. Nichts von dem, was heute möglich ist, wird morgen möglich sein. Alles, was möglich ist, das ist jetzt möglich, jetzt. Wenn nicht jetzt, wann denn? Wenn nicht jetzt, wann denn? M 31

Ich werde ab jetzt mehr die Einsicht leben: Alles, was möglich ist, das ist jetzt möglich. Wenn nicht jetzt, wann denn? KS 31

Alle Möglichkeiten, alle Möglichkeiten, die es gibt, kann kein Mensch wahrnehmen. Niemand kann alles sehen, was es zu sehen gibt. Niemand kann alles erleben, jeder muß wählen, muß sich entscheiden. Und die Freiheit beginnt nach der Entscheidung. Und das Leben beginnt nach der Entscheidung. Und so bin ich jetzt hier, hier und nicht anderswo. Und ich bin hier mit allen meinen Gedanken, allen meinen Gefühlen, bin hier mit meinem ganzen Leben. Ja, hier bin ich, hier. Ja, jetzt bin ich hier, bin voll und ganz da mit meiner Vergangenheit und mit meiner Zukunft. M 32

Ich bin mir bewußt, daß die Freiheit nach der Entscheidung beginnt. KS 32

Jede Einsicht hat ihre Zeit. Ein Kind kommt zu anderen Einsichten als ein Erwachsener. Ein unglücklicher Mensch gelangt zu anderen Einsichten als der glückliche. Eine Einsicht ist wie eine Tür, die sich öffnet, eine Tür, die lange verschlossen oder verborgen war. Treten wir ein, erhalten wir eine neue Sicht auf einen uns vorher verschlossenen oder verborgenen Raum. Und es gibt Einsichten, die unser Leben so grundlegend verändern, daß wir von einem Leben vor dieser Einsicht und einem Leben nach dieser Einsicht sprechen. Jede neue Einsicht eröffnet neue Einblicke und neue Ausblicke, neue Möglichkeiten, eine neue Sicht auf eine alte Welt. M 33

Ich bin mir bewußt, daß jede Einsicht ihre Zeit hat. KS 33

Lebenskräfte sind Wachstumskräfte. Und ich vertraue auf die Wachstumskräfte in mir und werde mein Wachsen nicht zu lenken versuchen. Denn es gibt keine falsche oder richtige Richtung. Ich werde mein Wachsen einfach geschehen lassen, genauso wie jedes Tier, jede Pflanze das Wachsen auch geschehen läßt. Vertrauensvoll bejahe ich mein Wachsen. Und ich werde in mein Wachsen nicht eingreifen.

M 34

Ich bin mir bewußt, daß Lebenskräfte Wachstumskräfte sind. KS 34

Meditationen 2

**Der Andere?
Ist oft ganz anders.**

Hör auf das,
was Deine Gesprächspartner
nicht sagen.

Wege. Wege entstehen, indem wir sie gehen. Und welchen Weg Du auch gehst, er bringt Dir Erfahrungen, die Du nicht gemacht hättest, wärst Du einen anderen Weg gegangen. Und am Ende eines jeden Weges wartet ein Mensch auf Dich: Du selbst, Du selbst. Denn alle Wege sind Wege zu Dir selbst. Und Du bist der wichtigste Teil aller Wege, aller Wege, die Du gehst, und aller, die Du gegangen bist, und aller Wege, die Du noch gehen wirst. Denn der Weg ist das Ziel. M 35

Ich bin mir bewußt, daß Wege entstehen, indem wir sie gehen. KS 35

Wie fühle ich mich, jetzt, in diesem Augenblick? (Fühl hin!) Wie auch immer ich mich fühle, heute fühle ich meine Gefühle, heute kann ich zu meinen Gefühlen stehen, heute kann ich meine Gefühle schützen. Was ich früher für meine Gefühle hielt, hing überwiegend von anderen Menschen ab. Um mich gut zu fühlen, brauchte ich Menschen, die mich gut fanden. Und ich konnte mich nicht gut fühlen, wenn andere mich ablehnten, mich nicht gut fanden. Und jeder Mensch konnte mich mir nehmen, wenn er nein zu mir sagte, nein zu meinem Sosein. Und jeder Mensch konnte mich mir zurückgeben, wenn er ja zu mir sagte, ja zu meinem Sosein. Heute bin ich nicht mehr ausgeliefert. Heute achte ich mein Sosein, genau wie ich das Anderssein eines jeden anderen Menschen annehme und achte, genau so. M 36

Ich nehme mich an, und ich nehme Dich an, Dich in Deinem Anderssein. KS 36

Du? Was erwartest Du von mir? Ich? Was erwarte ich von Dir? Wir? Was erwarten wir voneinander? Wenn ich früher Erwartungen gespürt habe, versuchte ich sie so schnell wie möglich zu erfüllen, ohne danach zu fragen, was diese Erwartungen für mich bedeuten. Seitdem ich mehr bei mir bin, kann ich die Erwartungen anderer Menschen viel besser verstehen und mich besser verstehen. Denn ich fühle nicht mehr den Zwang, Erwartungen zu erfüllen. Wo immer ich Erwartungen begegne, achte ich darauf, ob die Erwartungen mein Leben ärmer machen oder reicher, ob ein Ja da ist oder ein Nein. M 37

Ich werde in Zukunft mehr darauf achten, was die Erwartungen anderer in mir auslösen und was sie für mich bedeuten. KS 37

Du? Wer bist Du? Du? Ich? Wer bin ich? Ich? Bist Du Du selbst? Du? Bin ich ich selbst? Ich? Damit Du mehr Du selbst sein kannst, werde ich mehr ich selbst sein. Ja, ich werde schon darum mehr ich selbst sein, damit Du mehr Du selbst sein kannst. Spürt der andere Mensch, daß ich wirklich ich selbst bin, wird auch er den Mut bekommen, wirklich er selbst zu sein. Wenn ich wirklich ich bin, ich selbst bin, nur dann wirst Du, Du den Mut bekommen, wirklich Du selbst zu sein, Du selbst, Du. Und stell Dir vor, wie viele Menschen dadurch Mut bekommen werden, sie selbst zu sein, weil wir mehr wir selbst sind. M 38

Ich werde schon darum bewußt ich selbst sein, damit Du mehr Du selbst sein kannst. KS 38

Ich verändere mich, und weil ich mich verändere, verändert sich die Welt. Du veränderst Dich, und weil Du Dich veränderst, verändert sich die Welt. Deine Veränderung verändert mich. Meine Veränderung verändert Dich. Unsere Veränderung verändert die Welt. Ja, ich verändere die Welt, weil ich mich verändere, verändert sich die Welt. M 39

Ich bin mir bewußt, daß ich mich verändere.
KS 39

Andere zu enttäuschen, das war früher meine große Angst. Ich wollte nicht enttäuschen. Und weil ich nicht enttäuschen wollte, war ich so oft enttäuscht, zu oft, als daß ich so weitermachen durfte. Heute bin ich nicht mehr bereit, Erwartungen zu erfüllen, die mich zwingen, mich selbst zu enttäuschen oder mich zu verachten oder unaufrichtig mir gegenüber zu sein. M 40

Ich täusche nicht gerne, weder mich noch andere. KS 40

Je mehr ich etwas von mir unterdrücke, desto mehr muß ich mich immer wieder und wieder vom Gegenteil überzeugen: Stärke vorzeigen, wo ich Schwäche unterdrücke, Mut vorzeigen, wo ich Angst unterdrücke, Überlegenheit vorzeigen, wo ich Unterlegenheitsgefühl unterdrücke. M 41

Ich bin . . . (Name) und ich bleibe . . . (Name), auch dann, wenn ich nicht stark bin. KS 41

Ärger mit dem Ärger. Viele Schwierigkeiten entstanden mir daraus, weil ich Schwierigkeiten hatte, meinen Ärger, meine Forderungen und meine Enttäuschungen offen auszusprechen. Ich hielt meinen Ärger so lange zurück, trug ihn so lange mit mir herum, daß ich mich zuletzt mehr über meine Zurückhaltung ärgerte, als über den Anlaß des Ärgers.
Ich werde in Zukunft, ich werde ab heute versuchen, ganz bewußt meinen Ärger offen auszusprechen. Das bin ich mir und das bin ich dem Menschen schuldig, über den ich mich ärgere. Ausgesprochener Ärger, erfahre ich immer wieder, bringt näher, ja, ausgesprochener Ärger bringt näher, unausgesprochener Ärger entfernt. M 42

Ich bin mir bewußt, daß ich verletzbar bin, und ich bin froh, daß ich verletzbar bin, denn solange ich verletzbar bin, bin ich lebendig.
KS 42

Was hast Du mir gesagt – und was wolltest Du mir sagen? Was hast Du mir gesagt – und was habe ich verstanden? Ich werde in Zukunft, ich werde ab heute, aufmerksamer meine Umwelt und die Menschen wahrnehmen, denen ich begegne, und werde aufmerksamer darauf hören, was sie mir sagen und was sie mir sagen wollten, und werde darauf achten und werde achten – und werde achten, was im anderen Menschen vorgeht und was in mir vorgeht, während ich ihm zuhöre oder mit ihm spreche. Und so werde ich ein immer stärkeres Gefühl bekommen für das Hier-und-Jetzt, für das, was ist, ohne mir andauernd vorzustellen, wie etwas sein sollte oder sein müßte. M 43

Ich werde in Zukunft nicht nur darauf achten, sondern achten, was ein anderer Mensch mir sagt. KS 43

Eine Katze nimmt eine Maus anders wahr als ich. Ein Förster nimmt meine Lieblingsbäume anders wahr als ich. Und wir nehmen die Menschen, die wir lieben, anders wahr als die anderen Menschen. Ja, ich erlebe immer nur meine Wahrnehmung der Wirklichkeit, meine Wahrnehmung der Wirklichkeit, und nicht die Wirklichkeit selbst, nicht die Wirklichkeit selbst. M 44

Ich bin mir bewußt, daß meine Wahrnehmung der Wirklichkeit nicht die Wirklichkeit selbst ist. KS 44

Ich werde in Zukunft, ich werde ab heute öfter als gewohnt und ganz bewußt einen anderen Standpunkt einnehmen, denn es gibt viele Standpunkte, und von einem anderen Standpunkt aus, sieht das Gewohnte ganz anders aus. Besäßen wir eine größere Fähigkeit, fremde Standpunkte einzunehmen, dann hätten für uns alle Ereignisse unseres Lebens eine völlig andere Bedeutung, denn sie ständen in einem viel größeren Bedeutungsrahmen. M 45

Ich werde ab heute öfter als gewohnt und ganz bewußt einen anderen Standpunkt einnehmen, denn nicht nur mein Standpunkt ist erlaubt und richtig. KS 45

Ich bitte Dich, mich anzuschauen, mich, und nicht Dein Bild von mir, nicht Dein Bild von mir. Ich bin nicht Dein Bild von mir. Ich bin der/die, der/die ich jetzt, in diesem Augenblick, bin, der/die bin ich, jenseits von allen Bildern. Und ich weiß, weil die Entwicklung ein Prozeß ist, bin ich mit diesem Sosein im Jetztsein auf dem richtigen Wege zu meinem wahren Selbst – und somit auch zu Dir selbst und zu allen Menschen. Von dem Tage an, da ich mich ohne Bild sehen kann, mich sehen kann, wie ich wirklich bin, von diesem Tage an werde ich Dich ohne Bild sehen, Dich sehen, wie Du wirklich bist, frei von meinem Bild von Dir, endlich Dich selbst sehen. M 46

Ich bin mir bewußt, daß mein Bild von einem Menschen nicht der Mensch selbst ist. KS 46

Jede Verabredung mit einem anderen Menschen ist eine Verabredung mit mir selbst. Jede Begegnung mit einem anderen Menschen ist eine Begegnung mit mir selbst. Wir begegnen im anderen uns selbst. Wir kommen uns durch den anderen Menschen näher oder entfernen uns von uns selbst. Bewußter, klarer wahrnehmen, welche Gedanken und Gefühle, welches Befinden der andere Mensch in mir auslöst, bewußter, klarer wahrnehmen.
(Ich war gestern mit mir verabredet und bin nicht gekommen. Irgendwie war ich verhindert durch die Begegnung mit . . .) M 47

Ich bin mir bewußt, daß jede Begegnung mit einem anderen Menschen auch eine Begegnung mit mir selbst ist. KS 47

Nicht das Geschenk ist kostbar, nicht das Geschenk, sondern das Schenken. Nicht die Gabe ist kostbar, nicht die Gabe, sondern das Geben. Das Geben, das Geben ist auch eine Form des Nehmens, und wer nicht geben kann, kann auch nicht nehmen. Wir nehmen im Geben, und wir geben im Nehmen. Wer nicht schenken kann, bleibt arm. M 48

Ich bin mir bewußt, daß nicht das Geschenk kostbar ist, sondern das Schenken. KS 48

Erkennen. Warum wollen wir erkennen? Was wollen wir erkennen? Jedes tiefe und befreiende Erkennen hat den Charakter von Wiedererkennen. Wir erkennen wieder, was wir lange ersehnt und gewußt haben. Unser Verlangen nach Erkennen ist diese Sehnsucht nach Wiedererkennen, das Wiedererkennen von Gedanken und Gefühlen, die wir in unserer Kindheit und Jugend kannten und verloren haben, aufgeben mußten. M 49

Ich bin mir bewußt, daß meine Sehnsucht nach Erkennen die Sehnsucht nach Wiedererkennen ist. KS 49

Die Quelle der Geborgenheit?

Die Liebe ist die Quelle aller Geborgenheit. Nur in der Liebe, einzig und allein in ihr erLEBEN wir die wahre, die wirkliche Geborgenheit. Und die Sehnsucht nach Liebe ist auch die Sehnsucht nach Geborgenheit. Und es gibt keine Geborgenheit ohne Liebe unter Menschen, ohne Liebe von Menschen, ohne Liebe von Mensch zu Mensch. Das Gefühl der Geborgenheit geben darum nicht Versicherungen oder Verträge oder Geld oder Erfolg oder Sicherheitszonen oder Atombunker. Die Liebe ist es, die uns Geborgenheit schenkt. Und das Kleinkind stirbt, wenn es sich nicht geborgen fühlt. Und der Erwachsene verkümmert ohne Geborgenheit. Als Kind, da erlebten wir, lebten wir die Freude an der Geborgenheit am stärksten. Und darum erleben wir als Erwachsene die Geborgenheit als Wiedersehen, als Wiederfühlen, als beglückende Erfüllung einer niemals vergessenen Sehnsucht. Ich fühle mich geborgen, weil ich liebe. Ich fühle mich geborgen, weil ich geliebt werde. M 50

Ich bin mir bewußt, daß die Quelle aller Geborgenheit die Liebe ist. KS 50

Der Mensch ist es, der Mensch, der den Menschen in einer besonderen Weise glücklich oder unglücklich machen kann, krank oder gesund. Die Ursache der seelischen Erkrankungen liegt nicht in den einzelnen Menschen. Die Ursache liegt in den krankmachenden Beziehungen der Menschen zueinander, miteinander. Nicht der einzelne Mensch ist der Herd der seelischen Erkrankung, die Beziehung, in der er lebt, kann ihn krank machen, so krank, daß er andere krank macht. Die Beziehungen, in denen wir leben, entscheiden über unser Glück und unser Unglück, über unsere Gesundheit, unsere Krankheiten. M 51

Ich bin mir bewußt, daß ich alles in meinem Leben den Beziehungen zu Menschen danke, alles. KS 51

Die Worte, die Worte, die wir als Kinder gelernt haben, sind mit uns erwachsen geworden. Im Laufe eines Lebens, im Laufe von vielen Erfahrungen, im Laufe von vielen Erlebnissen verwandeln sich die Worte. Und wenn zwei Menschen dasselbe sagen, so ist es nicht dasselbe, was sie meinen. Und so ist das Mißverständnis zwischen Menschen die Regel. Und oft ist es so, je mehr Worte wir sagen, um das Mißverständnis zu klären, um so tiefer wird das Mißverständnis. Ein Kind versteht das Wort Liebe, doch es versteht in diesem Wort etwas ganz anderes als ein Mensch im Spätabend seines Lebens. M 52

Ich bin mir bewußt, daß die Worte, die ich als Kind gelernt habe, mit mir erwachsen geworden sind – vielleicht nicht alle Worte. KS 52

Leben heißt Erfahrungen machen. Ich werde in Zukunft, ich werde ab heute viel bewußter in neue Erfahrungen hineingehen. Denn solange ich ängstlich darauf bedacht bin, daß sich nichts in meinem Leben verändert, so lange werde ich keine neuen Erfahrungen machen. Und solange mein Leben nur aus sich immer und immer wiederholenden Gewohnheiten besteht, kann auch ich mich nicht ändern. Zwar kann ich nicht die Art meiner Erfahrungen bestimmen, doch ich kann, indem ich manchmal, ganz bewußt, anders als gewohnt handle und, hin und wieder, bewußt in neue Situationen hineingehe, darüber bestimmen und dafür Verantwortung tragen, daß, endlich, neue Erfahrungen in mein durch Gewohnheiten abgeriegeltes Leben kommen.

M 53

Ich werde mich in Zukunft bewußter neuen Erfahrungen öffnen. KS 53

Immer stark, immer selbstbewußt, immer mutig, immer sicher wollte ich sein, weil ich mir nicht sicher war, Liebe, Zuwendung und Achtung auch dann zu erhalten, wenn ich meine Hilflosigkeit zeigte, meine Traurigkeit, meine Unsicherheit. Und erst als mich diese Maske der Stärke zu ersticken drohte, riß ich sie mir vom Gesicht und glaubte, alles wäre zu Ende. Doch nichts war zu Ende, viel Glück begann erst dann. Und das danke ich Dir, denn Du, Du hattest Dich damals nicht von mir abgewendet, sondern hast mir geholfen, hast mir Mut gemacht, ohne diese Masken zu leben. M 54

Ich muß nicht mehr immer und unter allen Umständen stark und sicher sein. KS 54

Natürlich habe ich Fehler, und ich habe meine Fehler, um aus ihnen zu lernen. Und natürlich bin ich nicht vollkommen. Welcher Mensch könnte denn von sich sagen: „Ich bin vollkommen." Doch ich bin lieber mit all meinen Fehlern ich selbst, ich selbst, als die Nachahmung eines anderen noch so vollkommenen Menschen, der ich nicht bin. M 55

Ich bin mir bewußt, daß ich dann am meisten zu mir passe, wenn ich mich annehme. KS 55

Nein, ich bewerte mich nicht mehr, denn ich bin ein Wachstumsprozeß, ein Wachstumsprozeß. Und ich weiß, daß ich Entwicklung bin, Wachstum, Entfaltung, Bewegung. Und ich sage endlich ohne Wenn und Aber, ohne Vorbehalte ja zu mir. Ja, ja. Ja zu dem/der, der/die ich jetzt bin. Und ich bewerte mich nicht, sage zu mir nicht: so solltest du sein oder so. Es ist mir vollkommen gleichgültig, gleich-gültig, wie ich sein sollte. Ich nehme mich so an, wie ich jetzt bin, so bin ich gültig, so bin ich Wachstum. Jetzt bin ich so, wie ich jetzt bin. Und gestern war ich so, wie ich gestern war. Und morgen, morgen werde ich so sein, wie ich morgen sein werde. Und ich weiß nicht, wer ich morgen sein werde. Doch ich werde mich auch morgen als den Wachstumsprozeß annehmen, der ich bin. M 56

Ich bin wie alles Lebendige ein Wachstumsprozeß. Ich bin ... (Name) – ich werde ... (Name). KS 56

Das Ziel sucht Dich, auch wenn Du glaubst, daß Du es bist, der/die das Ziel sucht. Das gewohnte Leben, so wie wir es kennen und lernen mußten, es besteht aus vielen kleinen und großen Zielen, die wir zu erreichen haben, so schnell wie möglich. Und je schneller, desto besser.
Ganz anders die Meditation. Für die Meditation sind nicht die Ziele wichtig und entscheidend, sondern allein der Weg. Der Weg ist der Inhalt jeder Meditation. Und so ist der Meditierende immer am Ziel, weil die Wegstrecken nicht zurückgelegt werden, um ein vorgegebenes Ziel zu erreichen. Alle Ziele, die erreicht werden, werden absichtslos erreicht und überraschen oft durch ihre Schönheit und Vollkommenheit. Wer seinen Weg absichtslos geht, ziellos, kann überall hingelangen und mehr vom Weg sehen als jemand, dessen Augen angestrengt das Ziel suchen. M 57

Ich bin mir bewußt, daß der Weg das Ziel ist, und nicht der Wegweiser. KS 57

Meditationen 3

Keine Raupe bleibt ewig eine Raupe.

Wer festhält, verliert es.
Wer losläßt, gewinnt es.
Wer zwingt, zerstört es.
Wer sein läßt, bewahrt es.
Veden

Wenn ein Tag beginnt, beginnt viel mehr als ein Tag. Zu Beginn des Tages Dich sammeln und den Tag grüßen. Der bewußte Beginn des Tages gibt dem Tag Tiefe und eröffnet Möglichkeiten. Es ist nicht gleichgültig, wie ein Tag begonnen wird, es ist nicht gleichgültig, wie ein Tag beendet wird. Ein festlicher Beginn ist der Beginn eines festlichen Tages. Ein festlicher Beginn liegt wie ein Segen über dem ganzen Tag. Wir vernichten viele Tage, weil wir sie nicht wie ein Fest beginnen, freudig und bewußt. Und wie wir einen Tag beginnen, in der gleichen Weise sollten wir ihn auch beenden. Wie wir einen Tag beenden, vollenden, das vollendet ihn, bewahrt ihn, gibt dem nächsten Tag seine Zukunft. Nur der Tag beginnt, für den wir bereit sind. Nur der Tag endet, den wir vollenden. M 58

Ich grüße Euch und diesen Tag als Festtag unserer Begegnung. KS 58

Das Erwachen morgens. Auf das Gefühl achten, das Gefühl achten, mit dem wir morgens erwachen. Und wenn das Erwachen morgens nicht mehr Freude bedeutet und Zukunft, sondern Angst, Unsicherheit, dann ist es gute Zeit, höchste Zeit, etwas im Leben zu ändern. Und es müssen nicht große Änderungen sein, nein, nicht große. Mit kleinen Änderungen beginnen, zum Beispiel mit den Sätzen: Jeder Tag ist ein neues Leben. Jeder Tag ist einmalig. Jeder Tag ist ein Geschenk. Und wenn wir diese Sätze tief verstehen, verändern sie unser Leben tief. M 59

Ich bin mir bewußt, daß nur ich selbst es bin, der/die das Leben zu einem Lebensfest machen kann oder zu einem Unglück. KS 59

Ausblick oder Rückblick. Ich werde nicht mehr darauf zurückblicken, was war. Ich werde nicht mehr angestrengt danach Ausschau halten, was sein wird. Ich werde meinen Blick voll dem zuwenden, was jetzt ist, was jetzt ist, jetzt, und was jetzt um mich herum geschieht. M 60

Ich erlebe im Anblick des Jetzt mein Leben.
KS 60

Ist es noch weit? Wie lange noch, bis ich das Ziel erreicht habe? Schaffe ich es noch? – Wer so auf dem Wege ist, macht sich blind für den Weg und seine Schönheiten. Ich nehme den Weg genauso wichtig wie das Ziel. So empfange ich die Botschaften des Weges, bin auf dem Wege, bin am Ziel. Ziel und Weg, Weg und Ziel sind ein und dasselbe. Früher waren mir nur die Ziele wichtig, und ich sah die Wege nur als Mittel zum Zweck, Ziele zu erreichen. Heute, heute ist mir der Weg genauso wichtig wie das Ziel, und so bin ich mit jedem Schritt auf dem Wege und am Ziel. M 61

Ich bin mir bewußt, daß der Weg das Ziel ist.
KS 61

Ich begriff spät die Weisheit der Begrenzung, diese Weisheit, die darin liegt, daß ich nicht an zwei Orten zugleich sein kann, nicht zwei Gedanken zur gleichen Zeit denken kann. Diese Begrenzung läßt mich eindringen in den Gedanken, den ich denke, in den Ort, wo ich gerade bin, eindringen auch in das Gefühl, das ich gerade fühle. Durch die volle, ungeteilte Achtsamkeit für das wenige wird das wenige zum eindringlichen Beispiel für die Vielheit, und das einzelne wird zum Einzigen. M 62

Ich erlebe immer wieder, daß weniger mehr ist. KS 62

Einmal und nie wieder. Nie wieder wird es heute sein. Nie wieder werden wir so beieinander sein, so wie heute. Der heutige Tag läßt sich nicht wiederholen, durch nichts und durch niemanden. Und alles, was heute möglich ist, ist heute möglich. Denn nie wieder wird es heute sein. Und heute ist der Sinn des Lebens, hier zu sein, hier und nirgendwo anders. Was morgen sein wird, weiß niemand. Doch es wird ganz anders sein, morgen, als heute. M 63

Ich bin mir bewußt, daß es nie wieder heute sein wird. KS 63

Gibt es ein Leben nach dem Tode? Gibt es ein Leben vor dem Tode? Gibt es das Paradies im Himmel? Gibt es das Paradies auf Erden? Ich suchte das Glück und das Paradies auf Erden. Und in einer Lebenskrise entdeckte ich, daß ich schon lange mitten im Glück, mitten im Paradies gelebt hatte. Ja, es ist Glück, Glück, ohne Krücken laufen zu dürfen. Ja, es ist Glück, Glück, ohne Angst vor Schmerzen tief durchatmen zu können. Und diese unsere alltägliche Welt wird zum Paradies, wenn wir uns die Zeit lassen, die Zeit zum Wahrnehmen, zum Hinschauen, zum Hinfühlen. Einfach stehenbleiben, irgendwo, irgendwann, ganz spontan, und hinschauen, und Du wirst Entdeckungen machen, die das Paradies sind.

M 64

Ich bin mir bewußt, daß ich den Weg besser erkenne, wenn ich das Ziel vergesse. KS 64

Die Rose und ich, ich und die Rose. Und ich erlebe die Rose um so tiefer, je länger ich sie anschaue, je länger ich sie wahrnehme. Eine Rose so lange ansehen, bis wir sie nicht mehr sehen, bis wir die Rose sind. Ich fühle mich eins mit der Rose, denn sie ist wie ich ein Teil dieser Welt. Die Rose und ich, ich und die Rose sind ein Ganzes. Und die Rose ist ich, und ich bin die Rose. Und wir beide sind, wir beide sind im Sein, sind in der Natur, die keinen Unterschied kennt zwischen uns als Lebewesen. M 65

Ich liebe den Geruch der Rose, liebe ihre rätselhafte Schönheit so sehr, daß ich keine Rose abschneiden oder kaufen könnte. KS 65

Ein Stein und ich, ich und ein Stein. Ich sehe einen Stein an, diesen kleinen Stein, den ich heute gefunden habe und jetzt in meiner rechten Hand fühle. Und je länger ich diesen Stein ansehe, desto einzigartiger wird er, desto mehr unterscheidet er sich von allen anderen Steinen. Ich fühle seine Vollkommenheit. Und wie erfüllt er ist von der Zeit, gegen die meine Lebenszeit nur Sekunden sind. Je länger ich ihn anschaue, desto genauer wird mein Wissen über mich und diesen Stein. M 66

Ich sammle gerne Steine, und mit den Steinen sammle ich Gefühle, Gedanken, Fragen – Fragen über die Zeit, das Gefühl von Vergänglichkeit. Und dabei werde ich steinreich. KS 66

Haben wir Zeit? Haben wir Zeit zu verschenken? Haben wir Zeit zu verlieren? Haben wir Zeit zu gewinnen? Wir sind hineingeboren in diese Zeit. Alles kommt zu seiner Zeit. Alles geht zu seiner Zeit. Zeit ist lang. Zeit ist kurz. Zeit kann zur Ewigkeit werden und die Ewigkeit zur Zeit. Wenn wir auf die Uhr schauen, sehen wir da die Zeit? Wir selbst sind die Zeit. Verwechseln wir nicht mehr die Zeit auf den Zifferblättern der Uhren mit der Zeit, die unsere Lebenszeit ist. Die Ewigkeit des kurzen Menschenlebens. M 67

Ich bin mir bewußt, daß die Zeit etwas anderes ist als die Zeit der Uhren. KS 67

Meditationszeit ist eine andere Zeit, ist anders als Freizeit oder Arbeitszeit oder Ferienzeit oder Weiterbildungszeit. Meditationszeit ist in einer tiefen Weise Lebenszeit, lebendige Zeit, Quelle der Zeit. In der Meditationszeit bekommen wir viel Zeit geschenkt: gestohlene Zeit, verbrauchte Zeit, ungelebte Zeit. Totgeschlagene Zeit wird wieder lebendig. Indem wir meditieren, verbrauchen wir keine Zeit, wir leben. Wir meditieren, um das Leben und uns im Leben tiefer zu erleben. Während der Meditation hören die Uhren auf zu ticken. Es gibt keine Sekunden mehr, keine Stunden, es gibt nur noch die Ewigkeit des Jetzt, die grenzenlose, die zeitlose Ewigkeit des Jetzt. Und wir betreten endlich wieder das in der Kindheit verlorene Paradies des Jetzt. Ich grüße die endlosen Nachmittage der Kindheit, die ewige Ewigkeit der großen Ferien. Und wieder ist jetzt alles, und alles ist jetzt, jetzt. Jetzt leben wir. (Oder ist da noch jemand tot? Jetzt ist Auferstehungszeit.) M 68

Ich trete endlich wieder in das verlorene Paradies des Jetzt ein. Danke. KS 68

Was ist Glück? Auch das ist Glück: Ich liege in einer Düne am Atlantik, fühle meinen Körper, wie er sich dehnt und weitet im sonnenwarmen, weichen Sand, der wie ein riesiges Bett ist. Ich streichle mit meinen Händen den warmen Sand, lasse ihn durch die Finger gleiten. Am strahlend blauen Himmel die weißen Wolken, die manchmal Schiffen gleichen, manchmal Tieren, manchmal Gesichtern. Und ich bin glücklich, glücklich wie in der Kindheit, glücklicher als in der Kindheit, weil ich jetzt weiß, dankbar weiß, daß ich glücklich bin. Ich bin glücklich. M 69

Für mich ist das größte Glück, glücklich zu sein und zu wissen, daß ich es bin. KS 69

Zeit. Zeit für die Zeit. Es gab eine Zeit mit viel Zeit – die Kindheit. Je älter wir werden, um so weniger Zeit ist. Denn Zeit ist Erinnern. Zeit ist Hoffen. Zeit ist Warten. Zeit ist Altwerden. Zeit ist ein Geheimnis. Zeit ist etwas Meßbares. Und wenn wir uns Fotos von früher anschauen, schauen wir die Zeit an. M 70

Wenn ich mir Fotos von früher anschaue, schaue ich die Zeit an, meine Lebenszeit.
KS 70

Zeit zum Leben. Zeit zum Lebenlernen. Die Zeit ist ein großer Lehrer. Die Tage lehren Dich manches, was Du von den Stunden nicht lernen kannst. Und die Jahre lehren Dich, was Du von den Wochen nicht lernen kannst. Und auch die Sekunden und die Minuten haben ihre Lehre für Dich und lehren Dich manches, was Du nicht lernen kannst von den Jahren.

M 71

Ich lerne manchmal in Sekunden, was ich in Jahren nicht begriffen habe. KS 71

Wie viele Worte am Tag sprechen wir eigentlich? Wie viele Worte am Tag hören wir eigentlich? Und wie viele davon wollen wirklich zu uns sprechen? Noch nie waren so viele Worte in unserem Gehirn. Von allen Seiten werden wir mit Worten überflutet: Menschen, Bücher, Radio, Fernsehen, Zeitungen, Werbung – alle sprechen pausenlos auf uns ein. Wir werden mit Worten überschwemmt. Das eigene Denken und Fühlen ertrinkt in der Wortflut. Die vielen, viel zu vielen Worte stören, zerstören unser Fühlen und Denken. M 72

Ich bin jetzt wortlos froh. KS 72

Und da sind die notwendigen Worte, die erlösenden Worte, die Worte, die endlich aussprechen, was hartnäckig beschwiegen wird, so lange beschwiegen wird, totgeschwiegen wird, bis es tot ist. In dieser Weise werden viele Gefühle totgeschwiegen, erstickt. Gebete bestehen aus Worten, Meditationen bestehen aus Worten, Liebeserklärungen bestehen aus Worten, Gedichte bestehen aus Worten. Und wenn wir diese Worte hören, antworten wir mit unserem ganzen Leben, fühlen wir, wie sehr wir sie vermißt haben. Es sind notwendige Worte, notwendende Worte. Und sie führen nicht zur Befreiung, sie sind die Befreiung. Denn sie sind lebendig, lebendig wie die Natur, lebendig, wie das Leben – sie machen lebendig. M 73

Ich bin mir bewußt, daß es notwendige, notwendende Worte gibt. KS 73

Schweigen? Wenn wir fragen: was ist Schweigen?, dann fragen wir falsch. Wenn wir fragen: was bewirkt Schweigen?, dann fragen wir falsch. Wenn wir so fragen, werden wir die Antworten nicht finden. Denn Schweigen, Schweigen erfahren wir nur im Schweigen – schweigend, schweigsam. Doch notwendig ist, daß sich jeder vor dem Schweigen fragt: Warum möchte ich schweigen, warum? Warum sehne ich mich nach einem Tag ohne Worte, warum? Und warum weiß ich so sicher, daß ein Tag ohne Worte bestimmt anders sein wird als ein Tag mit Worten? M 74

Für mich ist Schweigen ein Grundbedürfnis wie Essen und Trinken, wie Weinen und Lachen. KS 74

Keine Worte mehr. Keine Worte mehr. Sind keine Worte mehr da, dann erst beginnt das Schweigen. Diesen unaufhörlichen Strom der Worte zum Stillstand kommen lassen. Diesen ununterbrochenen Strom der Worte versiegen lassen. Ist dieser Wortstrom versiegt, beginnt das Schweigen. Nur äußerlich nicht zu sprechen genügt nicht. Schweigen ist, wenn auch das innere Sprechen aufhört. M 75

Ich bin mir bewußt, daß erst dann der meditative Zustand des Schweigens erreicht ist, wenn das innere Sprechen aufgehört hat. KS 75

Ich weiß, daß ich nichts weiß, nichts weiß, was ich nicht selbst erlebt, erfahren und erlitten habe. Ich weiß, daß es zweierlei Art Wissen gibt, das Wissen über Wissen und das Wissen durch das Leben, durch eigene Erfahrungen. In meinem selbst erfahrenen Wissen begegne ich mir, erlebe ich mich, lebe ich mich, erfahre ich mich, weiß ich mich. 90 Prozent des auswendig gelernten Wissens weiß mich nicht.

M 76

Ich vertraue, traue nur dem Wissen, das ich selbst erfahren habe. KS 76

Es ist nicht vernünftig, immer vernünftig sein zu wollen. Und ich erfahre in der Meditation eine andere Vernunft als die Vernunft des Alltags. Nicht die Gesetze der Logik, die Gesetze des Unbewußten bestimmen die Meditation, so wie sie auch die Träume bestimmen. Ich weiß, daß darum vieles unerklärlich bleiben wird, bleiben kann. Und ich werde keine Erklärungen suchen, denn in gewaltsamen Erklärungen geht gerade das verloren, was erklärt werden sollte, und so erkläre ich, daß nicht alles erklärbar ist. Ich fühle mich vernünftig und unvernünftig zugleich. Ich weiß, daß ich viel weiß, und ich weiß, daß ich wenig weiß, wenig, gemessen an dem, was ist. Ich gewinne viel Wissen, viel Verstehen, indem ich mich im Staunen verliere. Ich sehe gerne Dinge, die ich mir nicht erklären kann. M 77

Ich erkläre, daß nicht alles erklärbar ist. KS 77

Bescheidenheit ist eine Zier. Mit diesem Gebot lernte ich mich zieren, wenn es darum ging, noch ein Stück Kuchen zu nehmen. Und wie oft nützte meine anerzogene Bescheidenheit den Unbescheidenen. Ich sah sie mit vollen Backen kauen, während mir das Wasser im Munde zusammenlief. Je weniger ich verlangte, desto weniger bekam ich. Und als ich so gut wie nichts mehr bekam, lernte ich meine Wünsche und meine Bedürfnisse mehr zu achten. Ich bin gerne bescheiden unter den Bescheidenen, doch ich bin ebenso natürlich unbescheiden unter den Unbescheidenen.

M 78

Ich bin gerne bescheiden unter den Bescheidenen.

KS 78

Betreten verboten. Berühren verboten. Durchgang verboten. Ich kann nichts anfassen, nichts betrachten, über kein Stück Boden gehen, ohne daß ich die Botschaft empfange: Eigentum. Eigentum. Und der Schmerz ist, daß ich weiß, es war nicht immer so. Und ich bin froh, daß wenigstens die Sonne noch keines Menschen Eigentum ist. Und weil wir in einer Gesellschaft von Eigentümern leben, streben natürlich alle danach, Eigentümer zu werden. Hast Du was, bist Du was. Hast Du nichts, bist Du nichts. Und weil wir in einer Eigentumsgesellschaft leben, wird nichts so streng bestraft wie Diebstahl. Doch der schwerste Diebstahl wird nicht bestraft: nicht der Diebstahl von Zukunft, nicht der Diebstahl von Möglichkeiten, nicht der Diebstahl von Liebe. M 79

Ich bin keines Menschen Eigentum. KS 79

Die Welt, in der wir leben, lebt in uns, denn wir sind ein Teil dieser Welt. Und die kranken Zustände dieser Welt setzen sich in uns fort. Und wie ist denn der Zustand dieser Welt? Fische sterben, Bäume sterben, die Erde ist vergiftet, die Luft ist vergiftet, das Wasser ist vergiftet. Dieser kranke Zustand macht einen seelisch gesunden Menschen krank. Dieser hoffnungslose Zustand macht einen seelisch gesunden Menschen hoffnungslos, macht angst, macht depressiv. Und es ist lebensgefährlich, diese gesunden Gefühle der Angst, der Trauer, der Ohnmacht zu Krankheiten zu erklären, die sich heilen lassen mit Medikamenten oder heilen lassen durch Therapien. Vertrauen wir unserer Angst, trauen wir uns, Angst zu haben. M 80

Ich kenne Zustände der Angst, der Verzweiflung, und ich bekenne mich zu diesen Zuständen. Und ich lerne von diesen Zuständen. Ich gesunde an diesen Zuständen. KS 80

Der kranke Baum im Wald. Es war einmal ein Baum, der wollte nicht krank sein, er wollte grün und gesund sein. Der Baum, der durch die vergiftete Luft und die vergiftete Erde Vergiftungserscheinungen zeigt, zeigt die Krankheit des Bodens, zeigt die Vergiftung der Luft. Und es nützt überhaupt nichts, den einzelnen Baum zu behandeln. Solange die vergiftete Luft und der vergiftete Boden sein Lebensraum sind, genau so lange sind sie sein Todesraum. Die Erde macht ihn krank, die Luft macht ihn krank. Und nur ein gesunder Boden und nur eine nicht vergiftete Luft können ihn wieder gesund machen. Für uns Menschen, die wir ja auch Lebewesen sind, genau wie die Bäume, heißt das: solange wir nicht die Zustände ändern, die uns krank machen, so lange können wir nicht gesund werden. Unsere Angst ist eine gesunde Reaktion auf Zustände, die jedem Menschen angst machen müssen, der seelisch gesund ist. M 81

Ich kenne Zustände der Angst, der Verzweiflung, und ich bekenne mich zu diesen Zuständen. Und ich lerne von diesen Zuständen. Ich gesunde an diesen Zuständen. KS 81

Der kranke Fisch im Fluß. Es war einmal ein Fisch, der wollte nicht krank sein, er wollte gesund sein. Der Fisch, der im vergifteten Fluß Vergiftungserscheinungen zeigt, zeigt den Zustand des Flusses. Und es nützt überhaupt nichts, den einzelnen Fisch zu behandeln. Solange dieser Fluß sein Lebensraum ist, ist er sein Todesraum. Der Fluß macht ihn krank. Und nur der Fluß kann ihn wieder gesund machen. Für uns Menschen, die wir ja auch Lebewesen sind, genau wie die Fische, heißt das: solange wir nicht die Zustände ändern, die uns krank machen, so lange können wir nicht gesund werden. Unsere Angst ist eine gesunde Reaktion auf Zustände, die jedem Menschen angst machen müssen, der seelisch gesund ist. M 82

Ich kenne Zustände der Angst, der Verzweiflung, und ich bekenne mich zu diesen Zuständen. Und ich lerne von diesen Zuständen. Ich gesunde an diesen Zuständen. KS 82

Unser Begriff von Gesundheit ist krank, macht krank. Viele Menschen halten sich für gesund, weil ein Arzt ihnen sagt, sie sind gesund, sie sind geheilt, die Tabletten haben geholfen, die Angst ist weg, die Kopfschmerzen sind weg, also, sie sind wieder arbeitsfähig. Wehe dem, der sich trotzdem krank fühlt. Der wird abgestempelt als neurotisch, als arbeitsscheu. Am Anfang der wirklichen Gesundheit steht die Einsicht in den zunehmenden Wahnsinn der gesellschaftlichen Normalität. Diese Einsicht in den Wahnsinn der Zustände, welche die Gesellschaft normal nennt, ist der erste, ist der entscheidende Schritt, ist der Anfang der wirklichen Gesundheit. Solange wir nicht den fortschreitenden Wahnsinn der Gesellschaft erkennen, bleiben wir krank, krank, weil wir uns unbewußt anzupassen versuchen und uns daran gewöhnen, den Wahnsinn als ganz normal anzusehen. Lassen wir uns nicht verrückt machen. Lassen wir uns nicht verrückt machen. M 83

Mir ist bewußt, daß es nicht normal ist, was die Normen dieser Gesellschaft für normal erklären. Ich erkläre diese Normalität als Wahnsinn. KS 83

Von allen Lügen ist die Lebenslüge die schlimmste. Von allen Lügen ist die Lebenslüge die schlimmste. Eine Lüge läßt sich nur durch neue Lügen aufrechterhalten. Und wenn wir uns in die Wahrheit stellen, das klare Licht der Wahrheit, hören wir die vielen Worte, die wir nicht meinten. Ja, die Lebenslüge verbraucht viel Lebenskraft. Die Lebenslüge verbraucht den größten Teil der Lebenskraft. Seitdem ich die Worte sage, die ich meine, seit ich die Gefühle ausdrücke, die ich fühle, und nicht jene, zu denen ich mich verpflichtet fühle, seitdem lebe ich mit großer Lebenskraft und tiefer Lebensfreude. M 84

Seitdem ich die Worte sage, die ich meine, seitdem lebe ich mit großer Lebenskraft und tiefer Lebensfreude. KS 84

Der Mensch ist das einzige Lebewesen auf der Erde, das einzige Lebewesen, das bewußt Zukunft planen kann. Der Mensch ist das einzige Lebewesen auf der Erde, das einzige Lebewesen, das seinen Tod weiß. Der Mensch ist das einzige Lebewesen auf der Erde, das einzige Lebewesen, das Wissen von der Zeit vor seinem Leben hat, und das einzige Lebewesen, das sich die Zeit nach seinem Tode vorstellen kann. M 85

Ich bin mir bewußt, daß es eine große Bedeutung für mein Leben hat, daß ich meinen Tod weiß. KS 85

Ich grüße Dich, mein Leben, mein Leben mit allen seinen Erfahrungen und Erlebnissen. Und ich fühle immer mehr und mehr die Sicherheit, die auch die Unsicherheit mit leben läßt. Und ich fühle die Freude, die auch die Traurigkeit mit leben läßt. Und ich fühle die Stärke, die auch die Schwäche mit leben läßt. Und ich fühle den Frieden, der auch die Konflikte mit leben läßt. Und ich fühle mich als Mittelpunkt der Welt und als der einzigartige Mensch, der ich bin, und es hat mich noch nie gegeben, und es wird mich nie mehr geben, und gleichzeitig fühle ich mich auch als einer der vielen Milliarden Menschen. Und ich fühle das Leben, das Leben, das auch den Tod mit leben läßt. M 86

Ich grüße Dich, mein Leben, mein Leben mit allen seinen Erfahrungen und Erlebnissen.
KS 86

Ich verstehe mich als Wachstumsprozeß. Und ich bin ein Wachstumsprozeß, so wie jede Pflanze, jedes Tier Wachstumsprozesse sind. Doch anders als eine Pflanze, anders als ein Tier bin ich als Mensch verantwortlich für meinen Wachstumsprozeß. Denn als Mensch kann ich erkennen, welche Bedingungen meinem Wachstumsprozeß schaden, welche Bedingungen mein Wachsen fördern. Verantwortung heißt antworten auf diese Erkenntnisse, verantwortlich handeln nach diesen Erkenntnissen und dann dem Wachstumsprozeß vertrauen, mich wachsen lassen, auch wenn ich nicht genau weiß, wie mein Wachstum im einzelnen aussieht. M 87

Ich bin mir bewußt, daß ich verantwortlich bin für meinen Wachstumsprozeß. KS 87

Frieden. Ein Wort, das Frieden bringt, ist besser als tausend Worte der Vernunft. Und ich fühle mich jetzt in tiefem Frieden mit mir und der Welt. Ich fühle mich eins mit diesem Frieden in mir. Ich fühle mich getragen und gestärkt von meiner warmen Freude über diesen Frieden. Ich fühle, wie dieser Friede und diese Freude in mir wachsen, wachsen und ich mit ihnen wachse, ruhig werde, ein Mensch werde, der Frieden bringt und Freude. M 88

Ich bin bereit, Frieden zu geben und Frieden zu empfangen. KS 88

Wahrnehmungsübungen

Meditative
Wahrnehmungsübungen

Ein neues In-der-Welt-Sein

Das meditative Jetzt ist zeitlos,
zeitlos wie die Ewigkeit.

Was ist meditative Wahrnehmung?

Die meditative Wahrnehmung unterscheidet sich so grundlegend vom gewohnten Sehen und Beobachten, daß wir die Wahrnehmung anfangs üben müssen, so lange üben, bis uns die Wahrnehmung in Fleisch und Blut übergegangen ist.
Was heißt, einen Menschen wahrnehmen? Einen Menschen wahrnehmen heißt, ihm zu begegnen, ohne eigene Wertungen oder eigene Interessen oder eigene Absichten damit zu verbinden. Wo immer Interessen oder Absichten die Begegnung leiten, sind es die Interessen, sind es die Absichten, die wir verwirklichen wollen, nicht den Menschen. In der Wahrnehmungsübung geht es darum, den Menschen zu verwirklichen und nicht eine Absicht.
Mir persönlich sind viele gute Menschen begegnet – ich denke da besonders an meine Eltern und Lehrer –, die gute Absichten mit mir hatten, die mir aber schlecht bekamen, weil es ihnen vor allem um ihre Absichten ging, nicht um mich.
Wir können einen Menschen nur wahrnehmen, nur dann wirklich verstehen, wenn wir ihn in voller Achtsamkeit wahrnehmen, ohne Interessen, ohne Absichten, ohne Vorurteile.

Nicht urteilen, nicht verurteilen, sondern zu verstehen suchen.
Wahrnehmen hat viel mit wahr machen zu tun.
Wahrnehmen hat viel mit bewahren zu tun.
Wahrnehmen ist für wahr nehmen.
Wahrnehmen ist wahr machen.
Wahrnehmen ist auch bewahren.

Die meditative Übung des schweigenden Anschauens

Liebende erleben die Augenblicke immer wieder, in denen sie aufhören zu sprechen und sich anschauen. Sie lösen sich von den Worten, erlösen sich, um sich im schweigenden Anschauen tief zu erkennen. Aus diesem schweigenden Anschauen entsteht ein Erkennen, tiefer als durch alle Worte, die um gegenseitiges Verstehen bemüht sind.

Ich erkenne mich in Dir.
Du erkennst Dich in mir.

Das Tiefste zwischen den Menschen ist unaussprechlich. Diese Augenblicke, in denen das, was wir wirklich sagen wollen, unsagbar wird.

Wir könnten weitersprechen, doch wir fühlen, das Weitersprechen könnte keine Antworten mehr geben und würde nur noch zerreden.
Was läßt uns miteinander schweigen? Es ist ein klares, ein starkes Gefühl, das sich am treffendsten mit den Worten Scheu oder Staunen oder Ergriffenheit beschreiben läßt. Es sind Gipfelpunkte des Erkennens. Wenn ein Gespräch oder eine Begegnung bis zu einem solchen Punkt gelangt ist, dann ist es nahezu unmöglich, weiterzusprechen.
Die meditative Übung des schweigenden Anschauens ist darum eine innere Notwendigkeit in der INTA-Meditation. Sie ist das Ergebnis der vollen Achtsamkeit. Der Sinn dieser Übung ist nicht gleichzusetzen mit dem gewohnten Verstehenwollen. Diese Übung wird mißverstanden, wenn wir bestimmte Ergebnisse erwarten, bestimmte Absichten mit ihr haben. In der Übung des schweigenden Anschauens gibt es nichts als das schweigende Anschauen.
Während des schweigenden Anschauens geschieht das Ungewohnte. Wir tun etwas, was wir sonst nicht tun, und dabei wird uns etwas klar, was uns in der gewohnten Art der Begegnung nicht klar werden kann. Wir sehen uns an, ohne uns in Worten zu verfangen, ohne

Worte verstehen zu müssen, und dadurch verstehen wir tiefer und können spontan das Wesen eines Menschen plötzlich erkennen, indem wir nichts weiter tun als sein Gesicht anschauen. MWÜ 1

Ein Tag der vollen Achtsamkeit

Jeder Tag ist einmalig.
Jeder Tag ist ein Geschenk.
Jeder Tag ist ein neues Leben.
Mit diesen drei Kernsätzen beginnt der Tag der vollen Achtsamkeit, mit diesen drei Kernsätzen endet der Tag der vollen Achtsamkeit. Und während wir in dieser Weise in voller Achtsamkeit aufstehen, Menschen begegnen, arbeiten, essen, trinken, schlafen gehen, leben wir die Einmaligkeit aller anderen Tage mit. Die Tage der vollen Achtsamkeit sind die Sonntage, die Feiertage, die Festtage des Meditierenden, Festtage, die in keinem Kalender stehen. Jeder Tag kann zum Tag der vollen Achtsamkeit werden. MWÜ 2

Die liebende Selbstwahrnehmung

Ich liege entspannt in meinem Bett, halte die Augen geschlossen und gebe mich dem angenehmen Gefühl der Wärme unter meiner Bettdecke hin. (Pause) Ich fühle eine wohlige Entspannung, eine warme Müdigkeit. Ich gebe mich diesem wohligen Gefühl ganz hin und fühle, wie sich die Wärme und die Entspannung in meinem ganzen Körper ausbreiten. Wie warm ich bin, wie geborgen ich mich fühle unter meiner Bettdecke. (Sich Zeit lassen, um dieses Gefühl zu genießen.) Und jetzt stelle ich mir vor: ich verlasse meinen Körper. Ich verlasse meinen Körper, löse und drehe mich aus meinem Körper heraus wie aus einem enganliegenden Gummianzug, wie ein Schlange, die sich aus der alten, engen Schlangenhaut herauswindet und herausdreht. Ich schlüpfe aus meinem Körper heraus, behutsam, damit ihm nichts geschieht, behutsam, um ihm nicht wehe zu tun. (Pause) Und dann gehe ich auf Zehenspitzen ans Fußende des Bettes und schaue mich an, wie ich lächelnd und entspannt unter der Bettdecke daliege, und traurig fühle ich die Trennung. Und ich fühle mich zärtlich hingezogen zu mir wie zu einem geliebten Menschen. Leise gehe ich zum Kopfende des Bettes und berühre mit den Fingerspitzen leicht, ganz sanft, zuerst meine Haare, dann meine Stirn, meinen Mund. Behutsam lege ich mich zu mir ins Bett und nehme mich in die Arme, drücke mich an mich, zuerst behutsam, dann immer fester und fester, voller Sehnsucht nach diesem meinem Körper und fühle, wie wir langsam wieder eins werden, mein Körper und ich, wie ich wieder ganz mein Körper bin und mein Körper ganz ich ist, wir beide vereinigt sind in Liebe, in tiefer Zuneigung und mit aller Zärtlichkeit füreinander.

MWÜ 3

Staunen

Staunen über das Rauschen des Windes in den Bäumen. Staunen über die kleine rote Blume am Wegesrand. Staunen über das vom Leben gezeichnete Gesicht eines Menschen. Staunen über die nachtleere Straße. Staunen über den Marienkäfer auf meiner Hand. Staunen über das Zutrauen einer Katze. Staunen über die Tautropfen. Staunen über die Wassertropfen auf den Gräsern nach dem Regen. Staunen über die großen staunenden Kinderaugen.

Staunen über Deine Liebe. Staunen über Dein Lächeln. Staunen über den Klang Deiner Stimme. Nichts in der Welt, was nicht staunenswert wäre, wenn wir uns öffnen. (Ein Wort wie staunenswert, wert, daß wir darüber staunen. Oder die Worte sehenswert, sehenswürdig – alles erstaunliche Worte.) MWÜ 4

Einen Stein aufheben. Ich sammle gerne Steine, Steine, die irgendwo am Wegesrand liegen, unbeachtet, unscheinbar. Und während ich den Stein aufhebe und anschaue, frage ich mich manchmal, was Zeit ist. Vielleicht lag er schon Jahrmillionen dort? Vielleicht war er ein Gebirge? Vielleicht hat ihn das letzte Mal ein Dinosaurier beschnuppert. Und nun bin ich es, der/die ihn beschnuppert, fühlt, warm werden fühlt in der Hand. MWÜ 5

Weißt Du noch?

Auch die geliebten Menschen, gerade die geliebten Menschen hin und wieder aus einem ungewohnten Blickwinkel anschauen, so als würden wir Abschied nehmen oder würden uns gerade nach langer Trennung wiedersehen und vielleicht dann wieder ergriffen sein von dem Glück der Begegnung, der Begegnung, die uns einmal so tief berührte, unser ganzes Leben veränderte, ein Wunder war. Denn auch an Wunder gewöhnen wir uns. MWÜ 6

Einen Tag lang nur schweigen?

Bewußt manchmal etwas Ungewohntes tun. Wenigstens alle vier Wochen etwas Ungewohntes tun: einen Tag lang schweigen oder nichts essen, einen Tag lang nur singen und auch die alltäglichsten Sätze singen wie in der Oper, einen Tag lang sich vorstellen, der erste Mensch auf der Welt zu sein oder im Mittelalter zu leben, einen Tag mit den Briefen van Goghs beginnen und enden und versuchen, die Welt zu sehen, wie van Gogh sie sah. MWÜ 7

Die Stille hören. Die Stille vermissen. Die volle Wahrnehmung der Stille durch die Stille – wie still es ist. Die volle Wahrnehmung der Stille durch das Fehlen der Stille – wie laut es ist.

Die volle Wahrnehmung der Liebe durch die Liebe – ich liebe Dich. Die volle Wahrnehmung der Liebe durch das Fehlen der Liebe – ich sehne mich nach Liebe. MWÜ 8

Ich sehe die Sonne untergehen. Ich sehe erstaunt, wie weiß sie ist. Ich sehe, wie die Wiese goldgrün wird in diesem Spätabendlicht. Ich höre immer wieder Vögel singen. Ich fühle, wie mir kühl wird. Ich sehe die Sonne an und fühle mich ergriffen. Ich sehe kleine, weiße Wolken am Himmel. Ich bleibe barfuß auf einem Stein stehen und fühle, wie seine Wärme in mir hochsteigt. Ich fühle, wie die Erde schon kühl ist. MWÜ 9

Wahrnehmungsübungen mit der Sonne: Die Augen schließen und die Hände in die Sonne halten. Die Hände auf das sonnenheiße Geländer einer Brücke legen, auf eine sonnenwarme Mauer, auf die warme Erde. Das Spiel der Sonne in den Bäumen. Die goldenen Sonnenflecken auf den Waldwegen ... MWÜ 10

Bei Begegnungen mit Menschen diese so wahrnehmen, als wollten wir sie nachher genau beschreiben: Augenfarbe, Haarfarbe, Hautfarbe, Hände, Stimme, Kleidung, Körperhaltung, Redewendungen und Lieblingsworte . . .
MWÜ 11

In einem großen Geschäft in der Nähe der Kasse stehen und zusehen, wie Menschen zahlen, ihre Gesichter, ihre Hände betrachten.
MWÜ 12

Mit voller Achtsamkeit einen Apfel essen und sich all den unbeschreiblichen Geschmacksempfindungen überlassen. MWÜ 13

Fünf Minuten eine Blume ansehen oder einen Stein oder ein Gesicht und sich dabei seinen Gefühlen und Gedanken überlassen. MWÜ 14

Langsam barfuß einen nassen Wiesenweg gehen oder über einen sonnenwarmen Sandstrand oder über kalten Zementfußboden.
MWÜ 15

Tief den Geruch der Erde einatmen, den Geruch des Meeres, den Geruch einer Sommerwiese im Juni. MWÜ 16

So viel wie möglich erleben?

Wem alle Möglichkeiten gleich wichtig sind, wird keine wahrnehmen: wer drei Hasen jagt, fängt keinen. Und nie sind alle Möglichkeiten möglich.
Es mag manchmal schwerfallen, sich für eine Möglichkeit zu entscheiden, doch das Erlebnis und die Freiheit beginnen erst nach der Entscheidung. Und wichtig ist, daß dies meine Entscheidung ist, daß ich meine Möglichkeit suche und finde, daß ich mein Auswahlprinzip anwende und nicht ein fremdes Auswahlprinzip übernehme, mit dem ich Möglichkeiten ergreife, die meine wirklichen Bedürfnisse nicht erfüllen.

Wir müssen wirklich nicht so viel wie möglich sehen, und so viel wie möglich erleben, um später viel gesehen und erlebt zu haben. Es ist genau umgekehrt: wer sich selbst begrenzt, um nur wenig zu sehen, doch dieses wenige viel und im Zustand voller Achtsamkeit, der sieht viel mehr als der, der viel sieht. Wer sich für eine Kirche fünf Stunden Zeit nimmt, sieht mehr, als wer fünf Kirchen in einer Stunde besichtigt.
Es gilt auch hier die tiefe Wahrheit: Weniger ist mehr. Auf je weniger Möglichkeiten ich mich einrichte, desto mehr erhöht sich meine Erlebnisfähigkeit.
Denken wir an die weise Begrenzung der Sinnesorgane, die uns auch nur einen Teil des Sichtbaren und des Hörbaren wiedergeben, damit wir nicht unter der chronischen Reizüberflutung zusammenbrechen. MWÜ 17

Das Riesenabenteuer, jeden Tag etwas zuvor Übersehenes genau anzusehen. Alle Gegenstände, wenn wir sie länger als eine Minute ansehen, weisen über die alltägliche Funktion, über ihren Zweck, also über sich selbst hinaus.
MWÜ 18

Ein neues Lebensgefühl gewinnen, indem wir eine neue Sprache gewinnen. Eine neue Sprache gewinnen wir, wenn wir die Worte MAN, ABER, ENTWEDER-ODER aus unserem Wortschatz streichen. Und wir gewinnen damit ein großes Stück von uns selbst zurück. Besonders auf das Wort MAN achten und ganz besonders auf das Wort ABER. Was ist denn das für ein Ja, ein Ja mit Aber – JA, ABER. Statt ABER bewußt das Wort UND setzen. Aber-Sätze in Und-Sätze verwandeln. Das Ablehnende, Zurückweisende, Rückversichernde, Unklarheit Schaffende im Wort ABER meditieren, bis der Gebrauch des Wortes UND anstatt ABER in Fleisch und Blut übergegangen ist. MWÜ 19

Stimmt die Stimme?

Während des Sprechens darauf hören, was die Stimme sagt, ob sie dasselbe sagt wie die Worte. Manchmal wird die Stimme weinen, während die Worte heiter sind. Manchmal wird die Stimme heiter sein, die Worte jedoch traurig. Immer dann, wenn die Stimme etwas anderes sagt als die Worte, dann sind wir nicht in Übereinstimmung mit uns selbst, nicht eine Stimme mit dem Selbst. MWÜ 20

Den Tod töten – und wie?

Wende Deine Aufmerksamkeit, Deine volle Aufmerksamkeit dem Wort TOD zu. Schreibe in Gedanken in metergroßen roten Buchstaben TOD auf einen weißen festen Karton und stell ihn vor Dich hin. Was ruft dieses Wort bei Dir hervor? Was löst dieses Wort in Dir aus? Angst? Staunen? Unbehagen? Freude? Gleichgültigkeit? Entsetzen? Möchtest Du Dich lieber von dem Wort abwenden? Ihm den Rücken zudrehen, davonlaufen, den Tod im Rücken? Du möchtest jetzt nicht an den Tod denken? Heute nicht? Gut. Dann denk daran, wie wir alle in einer bestimmten, von der Gesellschaft festgelegten Weise an den Tod denken. Jede Gesellschaft hat ihren Tod. Möchtest Du diese Denkschablone nicht endlich durchbrechen, wenigstens versuchsweise? Das Leben endet mit dem Tod. Der Tod gehört zum Leben wie die Geburt. MWÜ 21

Persönliches

Der Klang, der aus der Stille kommt

Zu so viel Unheil haben die Religionen die Menschen schon verleitet, zu so viel, zu viel Unheil, als daß meine Lehre eine Religion sein wollte. – **Buddha** in seiner Lehr-Rede über Religion, gehalten unter dem Bodhibaum.

Das Geschenk

Ein heiliger Mann in Benares schenkte mir ein Amulett mit sicherer Wirkung. „Mit diesem Amulett am Hals erfüllen sich alle Deine Wünsche. Allerdings darfst Du morgens und abends niemals an Heilige Kühe denken, weil dann das Amulett sofort seine wunderbaren Kräfte verliert."
Seitdem habe ich viel, morgens und abends und auch zwischendurch, an Heilige Kühe denken müssen, was vorher nie der Fall war. Und trotzdem hat sich mancher Wunsch erfüllt.

Meine persönliche Begegnung mit der INTA-Meditation.

Während meines Studiums der Religionswissenschaften wurde mein Interesse für die Meditation geweckt. Und im Laufe von drei Jahren gewann die Meditation mehr und mehr Bedeutung für mein Leben. Und ich kann sie noch heute fühlen, diese starke innere Freude, diese große Befreiung in der Begegnung mit den Kernsätzen der INTA-Meditation: Miß-

traue allen Regeln, die keine Ausnahmen kennen. (Alles in mir sagte ja, ja.) Mißtraue allen Geboten, die verbieten, statt zu bitten. (Ja!) Achte und ehre das Anderssein anderer Menschen, besonders ihren Glauben und ihre Bräuche. (Ja!) Wo immer sich zwei Menschen begegnen, können sie voneinander lernen, wenn sie sich nicht belehren wollen. (Ja!) Traue mehr den Menschen als den Theorien. (Ja!)
Und dann waren da noch diese Sätze, die mich gleichzeitig beruhigten und beunruhigten, mich verzagt und stark machten: Einsichten leben, leben und nicht nur haben. Durch Tun und Erfahren lernen, nicht durch Theorien. Und wieder sagte ich mit meinem ganzen Leben und Suchen ja, ja, das ist es, wonach du gesucht hast.
Ja, es waren diese Sätze, die mein Interesse in Begeisterung und Liebe verwandelten. Und ich teile mein Leben ein in das Leben vor der Meditation und das Leben mit der Meditation. Es sind tatsächlich zwei Leben.
Die INTA-Meditation ist keine Religion, sie ist eine liebende, achtungsvolle Wahrnehmung alles Lebendigen, alles Lebendigen. Und sie kennt keine Missionare, so wenig wie der Buddhismus. Denn nichts stände mehr im

Widerspruch zum Wesen der Meditation als das Missionieren: Achte und ehre das Anderssein anderer Menschen, auch was seinen Glauben und seinen spirituellen Weg angeht.
Und nicht um östliche Meditation in Europa einzuführen, habe ich das Europäische IMZ gegründet. Das ist ja auch zum Glück unmöglich. Niemand, der nicht von Geburt an Inder oder Japaner ist, würde sich jemals völlig heimisch fühlen im östlichen Fühlen und Denken. In Indien und Japan steht die Meditation in einem ganz anderen kulturellen Zusammenhang als in Europa.
Doch es gibt befruchtende Denk- und Gefühlsanstöße und zahlreiche Verständigungsmöglichkeiten, wenn wir darauf verzichten, Erkenntnisse anzubeten und als die alleingültigen hinzustellen.
Und ich meditierte lange genug, um sicher zu sein, die INTA-Meditation zeigt Wege und Möglichkeiten der Selbsterfahrung, die der Westen noch nicht kannte. Diese Wege zu zeigen war mit ein Grund, die INTA-Meditation nach Europa zu bringen, nicht als Aufforderung, sondern als eine wenig bekannte Kultur der Selbstbegegnung. Ich glaube, diesen Weg kennenzulernen erweitert die Landschaft des Lebens.

Das lebendige Eins-Sein

Die INTA-Meditation in ihrer eigenständigen, typischen Form ist schon im 1. vorchristlichen Jahrtausend schriftlich nachweisbar im Rigveda, dem ersten Teil der Veden, jener Sammlung der ältesten indischen Texte, die insgesamt den sechsfachen Umfang der Bibel haben. Seine Hymnen und Verse sind die „übernatürlichen, unversehrten Früchte“ der Meditationsübungen der Kavis und Rishis.
Kavis und Rishis werden die Dichter genannt, deren Gedichte und Texte „die Macht durchdringender, verwandelnder Einsichten“ offenbaren. Einsichten nicht verstanden als Leistungen des Verstandes, sondern als Sicht in den letzten Sinn des Lebens, als die Einsicht „in das wahre Wesen“, auch des Unwesentlichen. Diese Texte wurden als Offenbarungen und Orakel verehrt, ähnlich den Orakeln von Delphi oder den Offenbarungen des Johannes.
INTA hat in den Veden nicht immer dieselbe Bedeutung und erlebte, je nach Zeitalter, je nach Kavi oder Rishi einen Bedeutungswandel. Doch die Besonderheit von INTA ist, daß INTA zum Symbol, zum Mantra für das Eins-Sein von Erkennendem und Erkanntem geworden ist. Alle Kavis, alle Rishis nehmen in

ihren Veden und Gedichten dieses Eins-Sein zur Grundlage.

Die Berufung

„Ist ein Spiegel klar, gibt er alles klar wieder. Und doch stecken die Menschen und Tiere und Landschaften nicht im Spiegel. Der Spiegel wertet nicht und versucht nichts festzuhalten oder zu verändern. Ähnlich ist es mit dem Bewußtsein eines Kavi, nur daß sein Bewußtsein tausendmal klarer ist als der klarste Spiegel." Meister To, der Schwarze.
Ein Kavi ist in der Welt, doch nicht von der Welt. Seine Meditationen, Texte und Lehren werden in Ashrams, Universitäten meditiert und gelehrt. Die Aufgabe eines Kavi ist, „neue Wege der Selbstverwirklichung zu finden und sie seinem Zeitalter anzupassen". Ein Kavi ist in der Lage, seine Einsichten den Mitmenschen zu übermitteln 1. durch Sprechen, 2. durch Schweigen, 3. durch Blicke, 4. durch Berührung.
Die hier vorliegenden Meditationen sind keine Übersetzungen von Originaltexten, sondern selber Originaltexte, empfangen und niederge-

schrieben im unmittelbaren Erleben des Dharmakaja, jenem veränderten und verändernden Bewußtsein, der von allen Rishis und Kavis als die „goldfarbene, feuerfarbene Erleuchtung" beschrieben worden ist. Der Zustand der Erleuchtung ist erreicht, wenn das Eine in dem Vielen und das Viele in dem Einen erkennbar wird, das Eine zu vielem, das Viele zu einem wird.

Alle zehn Jahre ziehe ich mich neun Monate zurück für die Geburt der neuen Meditationen. In dieser Zeit esse ich wenig, schweige, meditiere und schreibe die empfangenen neuen Meditationen nieder. Wichtig im Dharmakaja ist der Zustand der Stille, des Schweigens, des totalen Alleinseins.

Kavi bin ich, seit meine Meditationen Bestandteil der inspirierten oder Heiligen Texte sind.

Wie kam es dazu? Ich habe in Indien begeisterte Leser meiner spirituellen Texte.* Hundert Leser ergriffen die Initiative und reichten sie der Ewigen Kommission der sieben Meister ein, die darüber zu wachen haben, ob irgendwo inspirierte Texte in Erscheinung tre-

* Zahlreiche meiner Meditationstexte wurden zuerst in Indien veröffentlicht, vor allem in Hindu (Bihar), in Telugu (Pradesh), in Tamil (Tamilmadu).

ten. Diese Ewige Kommission stellt eine Art Nobelpreis-Komitee für spirituelle, meditative Texte dar. Die Ewige Kommission bemüht sich nicht um Texte und arbeitet so langsam, langsamer als Gottes Mühlen mahlen, daß nur alle 30 Jahre, so die Regel, zweihundert Seiten inspirierter Texte veröffentlicht werden.
Die Mitglieder der Kommission lesen einen Text nur an, und in 95% der Fälle würde sich schon nach den ersten zehn Sätzen zeigen, daß es sich in keinem Falle beim vorliegenden Text um einen inspirierten Text handeln kann. „Wir lesen nicht, um zu lesen, sondern um nicht lesen zu müssen", so ein Mitglied der Kommission. Und doch, eine solche Einfühlung und Begeisterung wie bei diesen sieben Meistern ist mir ganz selten begegnet.
Und noch eines: Nur solche Texte werden überhaupt geprüft, die nicht vom Verfasser selbst eingereicht worden sind, sondern von hundert begeisterten Lesern, hundert, nicht mehr, nicht weniger. Und es ist lehrreich zu wissen, daß in den ganzen 1300 Jahren, in denen diese Kommission besteht, nur magere 130 Bände entstanden sind.
„Und strebe kein Dichter danach, ein Kavi zu werden. Wer auch nur den leisesten Gedanken darauf richtet, wird nicht, kann nicht Kavi

werden. Ist es an der Zeit, Kavi zu sein, werden andere Dich rufen, daß Du einer bist. Und Du weißt ja selbst, wenn Du ein Dichter bist, daß es ein Tao gibt und Karma. Und diese unbestechliche Zeugenschaft ist vor allem nötig, einen Kavi zu verwirklichen." Kavi Josati

Jeder ist Buddha, wer bist Du?

Genau das waren die ersten Worte, die der Meister EB JO AT an mich richtete. Und er lächelte mir freundlich zu, nickte. Und ich wußte, ich war angenommen, aufgenommen in seiner Klause. Keiner von uns beiden hatte in den letzten 24 Stunden auch nur ein Wort gesprochen.
Den Zugang zu einem Meister erhält der Schüler erst, nachdem er bis zur Zulassung für die Lehrzeit entweder in einem Kloster, einem Ashram oder einer der zahlreichen INTA-Gruppen gelebt hat.
Nur ein anderer Meister kann einen Schüler einem Meister vorschlagen. In der Regel besteht die Zulassungsprüfung darin, daß Meister und Schüler einen Tag miteinander schweigen. Auf keinen Fall stellt der Meister

irgendwelche Fragen, auch finden keine Diskussionen zwischen Meister und Schüler statt. Dem Meister ist vor allem daran gelegen, die persönliche Ausstrahlung des Schülers zu erkennen und ob die Ausstrahlung genügend stark oder zu schwach ist für den schweren spirituellen Weg. Das Wichtigste aber ist, ob die Ausstrahlungen von Schüler und Meister miteinander harmonieren und sich gegenseitig, wechselseitig verbinden und stärken.
Sobald der Meister den Schüler angenommen hat, sind beide gleich, sind beide Suchende, Brüder, beide Buddha. Der Meister schreibt dem Schüler nichts vor, bestimmt nichts. Vielmehr sind nun beide bestrebt, miteinander auszukommen, einander achtungsvoll zu respektieren, einander wahrzunehmen – wahr zu machen. Ein Meister ist das lebendige Sinnbild seiner Lehre.
Und der Meister weiß: dieser Mensch hat für mich lebenswichtige Botschaften, sonst wären wir uns nicht begegnet. Zufall gibt es nicht. Alles ist Karma. Und der Schüler weiß: dieser Mensch hat für mich lebenswichtige Botschaften, sonst wären wir uns nicht begegnet. Zufall gibt es nicht. Alles ist Karma.
Das Ziel ist nicht gegenseitige Anpassung. Das Ziel ist, alle Bilder, alle Vorstellungen vonein-

ander loszulassen, den Augenschein zu verlassen und zum wahren Wesen des Anderen zu gelangen.
Das Ende der Meisterschaft bestimmt der Meister, indem er dem Schüler seinen Platz anbietet, aufsteht und geht, geht, ohne zurückzublicken, geht, um nie wieder zurückzukehren.
Und es ist der alte Meister, der draußen in der Welt Kunde gibt von dem neuen Meister. Und er ist es auch, der dem neuen Meister den ersten Schüler schickt. Und nur dieser erste Schüler bleibt ohne Prüfung durch den neuen Meister, denn er ist vom alten Meister geschickt worden und also schon geprüft und erwählt.
Die letzte Wirklichkeit dieser alten Bräuche ist die Ordnung des Tao. Wem diese Bräuche unverständlich sind oder widersinnig vorkommen, für den haben sie keine Botschaft, und er sollte sie meiden. Und wer genau wissen möchte, wie das ist, der stehe auf, packe sein Bündel und suche selbst einen Meister. Und er wird seinen Meister finden – nicht einen, seinen.
Schüler und Meister sind dazu verpflichtet, nicht über die konkreten Einzelheiten der Ausbildung mit anderen zu sprechen oder darüber

zu schreiben. Dieses Schweigegebot wurde darum gegeben und muß darum eingehalten werden, weil das Wesentliche, das Eigentliche nie gesagt werden kann, mit allen Worten nicht. Und es geht sogar verloren, wenn es Außenstehenden erklärt werden soll.

Wirkliches Verstehen ist nur dort möglich, wo gleiche Erfahrungen sind. Gibt es keine gleichen Erfahrungen, verhindern die Worte wirkliches Verstehen. Je mehr Worte, desto weniger Verstehen. Alle Worte der Welt, die den Geruch einer Rose beschreiben, können den Duft der Rose nicht erzeugen.

Worte, denen Erfahrung mangelt, sind wie ausgestopfte Nachtigallen. Diese sehen den echten zum Verwechseln ähnlich, doch singen, singen können sie nicht.

Um Meister zu werden, bietet sich keine andere Möglichkeit als die Lehrzeit bei einem Meister. Ich habe die für einen Meister vorgeschriebene Lehrzeit bei dem Meister EB JO AT durchlaufen „bis zur Meisterschaft“. Die Lehrzeit beträgt in der Regel 3 bis 9 Jahre. Es gibt Lehrzeiten bis zu 36 Jahren und solche bis zum Lebensende.

Und nun?

Nun keine Worte mehr:

TUN.

ANHANG

Auszüge aus der Satzung des IMZ

Auszüge aus dem Ausbildungskonzept

Verzeichnis der INTA-Meditationen (M)

Bibliographie

Auszüge aus der Satzung des IMZ

Als wir uns darüber beraten ließen, welche Organisationsform das IMZ in Europa bekommen sollte, rieten uns die Juristen zum gemeinnützigen eingetragenen Verein, und drei Präsidenten amerikanischer Glaubensgemeinschaften meinten, es sei vernünftig, sich in Amerika zur Religion erklären zu lassen, vernünftig aus Steuergründen. Und zwei Rektoren deutscher Universitäten rieten uns, eine Privatuniversität zu gründen, denn in Deutschland sind normativ alle Universitäten privat. Leiter von Therapiezentren schlugen uns vor, ein Therapiezentrum zu gründen oder Therapiegruppen innerhalb ihrer Zentren.
Bei dieser Suche nach der besten Organisationsform für das IMZ machten wir eine merkwürdige Erfahrung: daß es keine beste gibt, sondern immer nur eine, die dem jeweiligen Ziel am besten nützt. Was wollen wir? Sicherheit? – Nein. Anerkennung durch andere Autoritäten? – Nein. Gewinn machen? – Nein.
Da wir keines dieser Ziele erreichen wollten, wäre jede dieser Organisationsformen für uns Fremdbestimmung gewesen.
Als uns diese Einsicht kam, entschlossen wir uns, auch hier, gerade hier, die Grundregel der INTA-Meditation anzuwenden, also Einsichten nicht nur zu haben, sondern zu leben, zu leben.

Was heißt das für die Struktur des IMZ? Derzeit besteht in Europa das IMZ aus lose untereinander verknüpften INTA-Gruppen, die jederfrau und jedermann frei zugänglich sind. Das tragende Fundament im westlichen Kulturbereich sind die **Schleichwege zum**

Ich (Band 1 u. 2) des ordinierten Meditationsmeisters und Kavis **Werner Sprenger.**
Die INTA-Gruppen sollten nicht zu groß sein. 13 Teilnehmerinnen oder Teilnehmer sind ideal fürs Meditieren und für die Gruppendynamik. Wird die Gruppe zu groß, sollte ein Gruppenmitglied eine neue Gruppe bilden. Das ist ein natürlicher Wachstumsprozeß.
Die INTA-Gruppen sind entweder gemischt oder reine Frauen- oder reine Männergruppen. Die berufsbezogenen INTA-Gruppen bestehen auch alle gemischt, also aus Psychologen und Ärzten und Lehrern und Juristen und Theologen, alle gemeinsam in einer Gruppe. Das hat sich zu früher geändert. Ärzte sind also nicht mehr unter sich, Psychologen auch nicht. Denn berufsübergreifende Erfahrungen ermöglichen ein tieferes gegenseitiges Verstehen und fördern die persönliche Entwicklung.

Bei der INTA-Meditation sind in allen Funktionen **Frauen und Männer gleichberechtigt.**
In den vorchristlichen Zeiten der INTA-Meditation gab es nachweislich mehr Meisterinnen als Meister. Heute ist das Verhältnis in Indien annähernd gleich, nicht aber in Europa und in Amerika, wo es weniger Meisterinnen als Meister gibt, obwohl in den meditierenden Gemeinschaften die Frauen in der Überzahl sind.
Die Urtexte der INTA-Meditation vertreten die Meinung, daß Frauen von Natur aus einen höheren Bewußtseins-Zustand haben und daß der höchste Bewußtseins-Zustand, der von Göttinnen, nur von Frauen erlangt wird, da den Frauen ein reineres Karma von früheren Leben vorausgeht.
Die hundert **Meisterinnen und Meister** sind keine for-

mellen Autoritäten oder Oberhäupter und streben auch selbst niemals danach, als solche zu gelten. Sie bilden eine zwanglose Gemeinschaft und treffen sich alle drei Jahre für neun Tage, um miteinander zu meditieren und Erfahrungen auszutauschen.
In ihrem Lebensraum und Wirkungsbereich geben sie sich deutlich als Meister zu erkennen, damit Menschen mit ihnen Gespräche und Verbindungen suchen können.

Also, weder in Indien noch in Europa ist die INTA-Meditation eine feste weltweite Organisation im westlichen Sinne der Weltfirmen oder Weltreligionen. Es gibt kein Oberhaupt, es gibt keine Hauptsitze, Pilgerorte oder Hauptklöster. Es gibt kein Vermögen, keinen Institutionsbesitz, keine geheime Bankadresse in Liechtenstein oder der Schweiz. **Spenden sind nicht erwünscht und werden zurückgewiesen.** Die Meditierenden sind nicht Mitglieder einer Organisation, sondern Teilnehmer, Gruppenteilnehmer an INTA-Meditationsgruppen oder Meditations-Seminaren. **Es werden keine Mitgliedsbeiträge erhoben.** Alle anfallenden Kosten werden gedeckt aus dem Ertrag der Seminare und der Bücher und der Meditationskarten.
So gesehen ist das IMZ keine Organisation, sondern lediglich der verbindliche Name für eine Gemeinschaft von Meditierenden in aller Welt, die so die Möglichkeit bekommen, sich persönlich über das IMZ zu erreichen und zu verständigen.

Kontaktanschrift: INTA-Meditations-Zentrum (IMZ), Silvanerweg 17, D-7750 Konstanz

Auf dieser Welt ist nichts für immer und ewig. Keiner kann nicht nicht Erfahrungen machen und nicht nicht leben, solange er lebt. Sei lebendig, solange Du lebst.
Es kann sein, daß wir aufgrund neuer Erfahrungen die jetzige lebendige Form des IMZ einmal verändern werden. Denn wie alles Lebendige ist auch das IMZ ein Wachstumsprozeß. Wachsen lassen, was wachsen will.
Es lebe das Leben, die Liebe und die Meditation.

Auszüge aus dem Ausbildungs-Konzept

Das IMZ bietet eine Ausbildung zur Meditationslehrerin, zum Meditationslehrer an.
Ziel der Ausbildung ist die praktische Anwendung der INTA-Meditation. Die Auszubildenden erlernen die Meditation so, daß sie imstande sind, sie anderen Menschen zu vermitteln. Und sie erfahren eine Grundausbildung als das tragende Fundament für alle Meditationsformen. Die INTA-Meditation kann eingesetzt werden zum Beispiel am Krankenbett, in Heimgruppen, bei Problemlösungen, bei Beziehungsstörungen, eigenen und fremden.

Inhalt und Schwerpunkte sind: Einführung und Einüben in die drei Grundstufen zur meditativen Gelassenheit – Zulassen, Seinlassen, Loslassen. Sensibilisierung für Selbsterfahrung und Fremderfahrung. Das Verhalten der einzelnen Teilnehmer und ebenso die Gruppendynamik sind Gegenstand von meditativen Wahrnehmungsübungen.

Die Ausbildung erfolgt in der Gruppe, berufsbegleitend und dauert zwei Jahre. **Geleitet** wird die Ausbildung von zwei approbierten Meditationslehrerinnen oder -lehrern, die von Werner Sprenger autorisiert sind, und einem Meditationsmeister. Die Teilnahme an Meditationskuren, die Werner Sprenger persönlich leitet, ist ein fester Bestandteil der Ausbildung.

Der erfolgreiche Abschluß wird durch das **Zertifikat als Meditationslehrerin, Meditationslehrer** bestätigt.

Verzeichnis der INTA-Meditationen (M)

Bibliographie

Manche Leser erinnern sich wahrscheinlich an den Werbespruch: „Bücher sind Erfahrungen, die man kaufen kann." Natürlich sind und bleiben viele Bücher nur Bücher und nicht Erfahrungen, die wir kaufen. Jedoch diese Bücher, sie waren für mich wirklich so etwas wie Erfahrungen, die ich nicht missen möchte, weil ohne sie ich heute nicht der wäre, der ich bin. Diesen Büchern sei Dank, denn jedes war in seiner Weise wichtig und genau das richtige Buch im richtigen Augenblick für mich – darauf kommt es an!
Hier ist die Stelle, um von einer merkwürdigen Erfahrungen zu berichten: manche dieser Bücher wurden mir erst beim zweiten Lesen zur Selbsterfahrung, zum Aha-Erlebnis. Und zwischen dem ersten und dem zweiten Lesen lagen manchmal Jahre – auch eine Erfahrung.

Anders, Günther: Die Antiquiertheit des Menschen, Beck 1956
Arrabal: Riten und Feste der Konfusion, Melzer 1969
Artaud, Antonin: Das Theater und sein Double, Fischer
Beauvoir, Simone de: Das andere Geschlecht, Rowohlt 1965
Bettelheim, Bruno: Aufstand gegen die Masse, Szczesny 1964
Blofeld, John: Der Taoismus, Diederichs 1986
Brocher, Tobias: Von der Schwierigkeit zu lieben, Kreuz 1975
Camus, Albert: Sisyphos, Rowohlt 1963
Capra, Fritjof: Das Tao der Physik, Barth 1984
Cardenal, Ernesto: In Kuba, Hammer 1980

Cooper, David: Der Tod der Familie, Rowohlt 1972
Dostojewskij, Fedor M.: Der Idiot, Piper 1961
dito: Die Sanfte, Piper 1962
dito: Tagebuch eines Schriftstellers, Piper 1963
Drewermann, Eugen: Wege und Umwege der Liebe, Grünewald 1983
Engels, Friedrich: Der Ursprung der Familie, des Privateigentums und des Staats, Dietz 1974
Frank, Anne: Das Tagebuch, Schneider 1950
Frazer, James G.: Der goldene Zweig, Kiepenheuer und Witsch 1968
Freud, Sigmund: „Selbstdarstellung", Fischer 1971
dito: Das Unbehagen in der Kultur, Fischer 1955
Fried, Erich: Und Vietnam und, Wagenbach 1974
Frisch, Max: Tagebücher, Suhrkamp 1965 und 1979
Fromm, Erich: Haben oder Sein, Dt. Verl.-Anst. 1978
Fromm, Erich u. a.: Zen-Buddhismus und Psychoanalyse, Szczesny 1963
Gandhi, Mahatma: Autobiographie, Alber 1960
Gide, André: Tagebücher, Dt. Verl.-Anst. 1961
Glaser, Georg K.: Geheimnis und Gewalt, Ullstein 1956
Goethe, Johann W.: Maximen und Reflexionen, dtv 1963
Gogh, Vincent van: Sämtliche Briefe, Henschel 1965
Grof, Stanislav: Topographie des Unbewußten, Klett-Cotta 1978
Gruhl, Herbert: Ein Planet wird geplündert, Fischer 1978
Guevara, Ernesto C.: Bolivianisches Tagebuch, Trikont 1968
Haag, Lina: Eine Handvoll Staub, Röderberg 1980
Haberkern, Atina: Zur Wirkung der Sprache auf das Handeln, Magnum 1975

Hamsun, Knut: Auf überwachsenen Pfaden, List 1959
Havel, Vaclav: Versuch, in der Wahrheit zu leben, Rowohlt 1980
Heine, Heinrich: Geständnisse, Aufbau 1967
Hemminger, Hansjörg/Becker, Vera: Wenn Therapien schaden, Rowohlt 1985
Hesse, Hermann: Briefe, Suhrkamp 1964
Hochhuth, Rolf: Krieg und Klassenkrieg, Rowohlt 1971
Horney, Karen: Der neurotische Mensch unserer Zeit, Kindler 1971
Huxley, Aldous: Die ewige Philosophie, Steinberg 1949
I Ging, Text und Materialien, Diederichs 1973
Jones, Ernest: Sigmund Freud – Leben und Werk, Fischer 1969
Jung, C. G.: Erinnerungen, Träume und Gedanken, Rascher 1967
Kafka, Franz: Tagebücher, Fischer 1949
Kast, Verena: Paare, Kreuz 1984
Keen, Sam: Die Lust an der Liebe, Beltz 1984
King, Martin L.: Testament der Hoffnung, Mohn 1976
Kirchhoff, Gerhard: Josef Knechts Leben aus dem Geist der Musik, Festschrift 1987
Koestler, Arthur: Die Nachtwandler, Scherz 1959
Korczak, Janusz: Wie man ein Kind lieben soll, Vandenhoeck 1974
Kükelhaus, Hugo: Organismus und Technik, Fischer 1979
dito/Rudolf zur Lippe: Entfaltung der Sinne, Fischer 1982
Laing, Ronald D.: Phänomenologie der Erfahrung, Suhrkamp 1973

Levi, Primo: Ist das ein Mensch? Fischer 1961
Lichtenberg, Georg Chr.: Aphorismen, Manesse 1958
Lowen, Alexander: Narzismus, Kösel 1984
Luxemburg, Rosa: Ich umarme Sie in großer Sehnsucht, Briefe aus dem Gefängnis, Dietz 1980
Mandel, Ernest: Der Spätkapitalismus, Suhrkamp 1972
Marcuse, Ludwig: Nachruf auf L. Marcuse, List 1969
Marti, Kurt: Leichenreden, Luchterhand 1974
Marx, Karl: Grundrisse der Kritik der politischen Ökonomie, Europ. Verl.-Anst.
Mead, Margret: Mann und Weib, Rowohlt 1973
Miller, Alice: Das Drama des begabten Kindes, Suhrkamp 1979
Miller, Henry: Sexus, Rowohlt 1970
Montherlant, Henri de: Tagebücher, Kiepenheuer und Witsch 1961
Nietzsche, Friedrich: Also sprach Zarathustra, Hanser 1966
dito: Jenseits von Gut und Böse, Hanser 1966
Nin, Anaïs: Tagebücher, Wegner 1969
Pfister, Paul O.: Die Kunst des Abschieds, Vortragsreihe, 1987
dito: Verinnerlichte Scheiterhaufen, Kommunikation 10/89
Perls, Fritz: Das Ich, der Hunger und die Aggression, Klett-Cotta 1978
Plack, Arno: Die Gesellschaft und das Böse, List 1971
Rauter, E. A.: Wie eine Meinung in einem Kopf entsteht, Weismann 1971
Reich, Wilhelm: Die Funktion des Orgasmus, Kiepenheuer und Witsch 1969

Richter, Horst E.: Flüchten oder Standhalten, Rowohlt 1976
Rilke, Rainer M.: Briefe (Ich bin für das Noch-nicht-Gesagte), Insel 1930
Rogers, Carl: Entwicklung der Persönlichkeit, Klett 1963
Sartre, Jean P.: Die Wörter, Rowohlt 1966
Scholl, Inge: Die weiße Rose, Fischer 1955
Schopenhauer, Arthur: Aphorismen zur Lebensweisheit, Atlas 1958
Sölle, Dorothee: Sympathie, Kreuz 1979
Sonnet, André: Die Praxis der Konzentration und Meditation, Bauer 1961
Stern, Horst: Mut zum Widerspruch, Kindler 1974
Taylor, Gordon R.: Das Selbstmordprogramm, Fischer 1971
Tolstoi, Leo: Tagebuch 1895 – 1898, Rascher 1929
Tucholsky, Kurt: Briefe, Rowohlt 1962
Vester, Frederic: Phänomen Streß, dva 1976
Watts, Alan W.: Weisheit des ungesicherten Lebens, Barth 1983
Watzlawick, Paul: Die Möglichkeit des Anderssein, Huber 1977
Wittgenstein, Ludwig: Tractatus logicophilosophicus, Suhrkamp 1966
Wolfrum, Helga: Pan in der französischen Lyrik des 19. Jahrhunderts, Neue Edition 1965
Woolf, Virginia: Fahrt zum Leuchtturm, Fischer 1956
Zwerenz, Gerhard: Kopf und Bauch, Fischer 1971

Liebst Du Dich?
Gedichte

Frage ich: Liebst Du Dich,
trauen die meisten nicht
ihren Ohren
und verstehen:
Liebst Du mich?
Diese ständige Verwechslung
gibt mir zu denken.
Und jetzt, jetzt
frage ich Dich, Dich:
Liebst Du Dich?

ISBN 3-921778-01-8 96 S.

Bisher erschienene Meditationsbücher des Autors im Nie/nie/sagen-Verlag

Schleichwege zum Ich I – Meditationsgedichte
Gedichte zum Auswendigleben – Meditationsgedichte
Durch fremden Mund satt werden? – Leben im neuen
Bewußtsein durch INTA-Meditation
Verführung zum Leben – Meditationstexte

KUNST UND MEDITATION:
... außer Du liebst Dich –
mit Batiken von Heinz Funke
... außer Du tust es –
mit Bildern von Martin W. Degen
Oder Du lebst Deine Träume –
mit Collagen von Ursula Schurz
Das achte Weltwunder – gleich um die Ecke –
mit Fotografien von Wolfgang Heinrich

Weitere Werke des Autors

Suchen Sie Magdalena?
(Im S. Fischer Verlag, Frankfurt)
Ordensunreife Gedanken
Lösch die Feuertulpen
(Im Theiss-Verlag, Berlin)
Liebst Du Dich? – Lieben im neuen Bewußtsein
Anstiftung zum Glück
Stabile Träume und andere Wirklichkeiten
Augen-Blicke
Glück aus Versehen? Unglück aus Verstehen?
Zu Oasen führen alle Wege durch die Wüste
Überprüfung eines Abschieds
Brauchen Hungernde denn Gedichte?
Eine Eiche in einen Blumentopf gepflanzt . . .
Daß das Glück ganz anders ist
Hauch das Thermometer an, wenn Du frierst
Leben wir noch?
Kommt ein Löwe geflogen
Asche und Wiedergeburt
Das Höhlenbuch

DIE AUSWAHLREIHE: Alles ist JETZT ist alles
Damit das Glück Dir glückt
Ungelebtes Leben leben
Vergiß Dein nicht
(Im Nie/nie/sagen-Verlag, Konstanz)

Seine **Hörspiele** wurden gesendet u. a. von der Deutschen Welle, dem Saarländischen Rundfunk und dem Bayerischen Rundfunk. Die Deutsche Akademie der Darstellenden Künste wählte zum HÖRSPIEL DES MONATS „Drei schwere Fälle von Nächstenliebe".

Werner Sprenger

Durch fremden Mund satt werden?

Leben im neuen Bewußtsein durch INTA-Meditation

ISBN 3-921778-52-2 160 Seiten

Weg-Gebote

Willst Du zu Dir selbst kommen,
geh eigene Wege.

Wer auf Zehenspitzen geht,
der ermüdet schnell.

Wer auf Stelzen geht,
hat Schwierigkeiten mit der Standfestigkeit.

Auch Auswege sind Wege.

Wer auf seinem Weg wandert,
der ist immer am Ziel.